Ⓢ新潮新書

池内ひろ美
IKEUCHI Hiromi

妻の浮気

男が知らない13の事情

120

新潮社

まえがき

離婚相談を行っている。当然、浮気の相談も含まれる。

主宰する「東京家族ラボ」の主な業務は「夫婦問題・離婚コンサルティング」だ。夫婦間のトラブルを抱えて電話予約を行い、初回九十分間二万一〇〇〇円という料金を払ってまで来所する人が、「うちは夫婦円満ラブラブです、うふふ」などという話をするはずもないので、当然、コンサルティングやカウンセリングのメインは離婚や不倫といった関係性のトラブルに絡む話となる。それらを毎日毎日じっくり聞き、ときに慰め、ときに叱り、ときに泣き笑いをともにするのが私の仕事である。

特別な資格もなしに「離婚相談」なんてことがビジネスになるのか、という疑問をお持ちの方も多いだろう。念のために申し上げるが、私は弁護士ではないので法律相談は行っていないし、精神科医でもないため投薬を含む医療行為も行っていない。

しかし、ちょっと考えてほしい。世の中に「結婚相談所」はたくさんあるし、それに疑問を持つ人は少ない。実際には、結婚に際して相手を紹介するというニーズは依然として高いが、それ以外にはあまり他人の助言を必要とはしない。挙式は好きな場所で好きなようにやればいい。住居も新婚カップルが身内と相談して決めればいい。それでめでたしめでたし、以上おしまい。結婚式はある種のイベントでもあるからだ。

ところが、「離婚」は違う。離婚はとてつもなく怖い。

結婚したからといって自動的に幸せになれるわけではないと気付いた夫か妻いずれかが関係修復の努力をはじめたり、結婚生活で起こったトラブル解決のために方策を練ったりする、しかし配偶者への期待はもうできないと悟り、その揚げ句起こるのが離婚である。ゴールだと思った結婚がスタートだったと気付いて離婚する、しないと悩むまでの時間は、このうえなく長く苦しい。

相談来所する方が男性であっても女性であっても必ず口にする言葉がある。

「まさか自分がここに座ることになるとは、思ってもみませんでした」

たった一度きりだが離婚したことのある私には、クライアントの苦しみが分かる。当事者として、クライアントの身内より深く理解できる。

離婚には弁護士が必要なケースは珍しくない。またそこに至るまでのプロセスで、興信所の力を借りることもあるし、財産分与にあたっては不動産会社の査定も大切だし、子どもがあれば子どもの親権者をいずれかに決めなければならない。夫と妻の関係における解決だけでなく、それぞれ個人の内的葛藤や生育歴まで遡《さかのぼ》って回復を図るために心理カウンセリングや精神的治療が必要な場面もある。それまで一般的な日常生活をしていた人にはおよそ縁のなかった問題が一挙に押し寄せてくる、非日常の世界である。

夫婦問題評論家としての仕事は講演やマスコミを相手にするものだが、離婚コンサルタントとしては、クライアント一人一人に向き合い様々な問題の交通整理を行う。

誤解されると困るのだが、私は離婚を成立させることで料金を頂戴しているわけではないので、無理やり離婚に仕向けることはない。本書をご一読いただければおわかりのとおり、むしろ夫婦関係の修復を勧めることのほうが多いくらいだ。

「東京家族ラボ」を設立した一九九七年から七年あまりの間に、延べ九千人近くの男女の相談に乗ってきた。相談内容で多いのは、①浮気、②暴力、③親子関係。その年によって多少の変動はあるが、浮気が上位にあることに変わりはない。

ただし、相談の中身はこの三年でかなり変わってきたと実感している。簡単にいえば、かつて浮気の主役は夫だった。それが、妻にとって代わられつつあるのである。

浮気は男の甲斐性だといわれた時代が懐かしい向きもあるだろう。かつては、妻が夫の浮気を耐えしのび子を育て、夫だけでなく舅姑《しゅうとしゅうとめ》につかえるのが日本の文化であった。ところが、六〇年代にアメリカから日本へ多少歪められて入ってきた「悪しき男女平等」によって、今まさに浮気は男女平等になってしまった。何をもって悪しき男女平等と呼ぶかといえば、男性を真似て同一化をはかった面が否定できないことである。したがって、女性らしい恥じらいを失い、次々と相手を変えアクロバティックなセックスを自ら楽しむ女性すら現われている。私は、きちんとした日本的な個性として「男らしさ」「女らしさ」を大切にしている人を好ましく思う。

この恥知らずな風潮はなにも浮気だけにかぎったことではない。

以前から日本の夫婦における三大トラブルの原因は、夫の浮気・暴力・借金であった。ところが今や、妻の浮気に嘆く夫、妻からの暴力に怯える夫、妻の借金で苦しむ夫という、何とも情けない現実があちこちに転がっている。浮気相手と出奔した妻を血眼《ちまなこ》になって探す夫もあるし、妻の暴力行為によって傷害されたり殺害されたりする夫は跡をたたないし、妻の自己破産も年々増加している。パソコンや携帯電話の普及と、無人キャッシングシステムなどの利便性こそが、皮肉にもそれらを後押しする環境を整えてしまったのは言うまでもない。

本書では、現代を象徴する「妻の浮気」を絞り込んでいくつかのケースを取り上げた。実際に行われた相談の中からピックアップしたものだが、プライバシーの問題もあり、年齢や居住地域などの設定には多少変更があるものの、基本的には事実に基づいている。相談者が語ったセリフはできるかぎりそのまま忠実に再現した。

ここでご紹介したエピソードは、あなたにとっては「特殊な人たちのレア・ケースだろう」と思われるかもしれない。確かに健全な日常生活では見聞きしないパターンが多い。そして読者の多くは健全な社会人であろう。

しかし、よく読んでいただければ分かるのだが、彼女たちの夫はごく普通の人たちばかりである。もちろん彼女たちも表向きは健全に見える人妻である。近所の人には普通のいい奥さんだと信じられているだろう。ところが実際には市原悦子（「家政婦は見た！」）もびっくりの素顔が隠されているのである。いや、すでにどちらが素顔でどちらが仮面であるかすら本人たちも分かってはいない。

私はことさら彼女たちの密やかな楽しみを糾弾するつもりはないし、ましてや擁護するつもりもない。覗き見趣味を満足させるためにこれを書いたわけでもない。

ただ、本書に登場するエピソードは、いつ誰の身に起こっても不思議ではない。それがあなたの妻なのか、誰かの妻とあなたか、あるいは彼女があなた自身かもしれない。そういうものだということだけは知っておいていただきたい。


面接相談の中、お目にかかってすぐには、彼女たちは自ら浮気をしていると語らない。ときにはその告白までに九十分を要することもある。でもそれは彼女にとっては必要であり大切な時間でもある。だから、こちらから尋ねてさしあげる。

「あなたは、浮気をしていますか」

「いいえ」

斜に構えて少し怒った顔で答える彼女は、年齢が私より上でも下でも、とてもかわいらしい。浮気を否定する彼女に対して、次には質問の方向を少しだけ変えてさしあげる。

「あなたは、夫以外に好きな人がいますか」

「はい」

頬の緊張を緩め口角を上げ、はにかんだ笑顔で答える。これが「女」という生き物だ。

妻の浮気——目次

CASE ケース1

女になる妻

クライアント　玲子さん（四十五歳）

「女は女として生まれるのではない、女になるのだ」と五十年以上も前にボーヴォワールは言ったが、妻も、妻として生まれるのではなく妻になる。女という性を持って生まれると同時に娘という役割を得た女の子は、成長とともに自分の中にある「女」を意識し、結婚によって妻となり、子を持つことによって母になる。それらはすべて役割のひとつであり、ひと度得た役割は消えることはない。母親となった妻が浮気することなど夫には考えられないかもしれないが、妻たちは再度「女」を強く意識することがある。

息子の自立が寂しい

「私は、自分でいうのも変ですが、典型的な良妻賢母をやってきたと思います」

昨年の春、一人息子を全寮制の高校に進学させるまで母親として頑張ってきたことを、四十五歳の玲子さんは懸命に語る。幼い頃身体が弱かった息子のために病院へ奔走したこと、幼稚園のときに大きなケガをした息子を手厚く看病したこと。二歳年上の夫は仕事が忙しかったため、家事はおろか育児にもまったく協力してくれなかったので、全て一人で子育ても行ってきた。専業主婦として家の中はいつも整えてきたし、料理もレトルト食品など一切使用せず、無農薬の野菜を選んで購入し、手抜きはしなかった。息子の勉強は母としてともに学び、指導してきた。

期待をかけた一人息子は母親の気持ちにじゅうぶん応えて、小中学校はトップの成績を修め、もっと勉強をしたいからと自宅を離れて全寮制の高校へ進学したのである。弱かった身体も、スイミングスクール通いですっかり丈夫になっていた。しつけがよかったために身の回りのことは何でも一人でき、寮生活を送るうえでの心配はないという。

「でも、というんですか、だから、と言えばいいのかしら。息子がいなくなってぽっかりと胸に穴が空いたような気持ちになって、なんとかしてこれを埋めなきゃいけないと思って夫に相談したんですけど、夫は何も言ってくれないから自分で考えました」

玲子さんは、このとき心底夫への失望を感じている。夫は、玲子さんが持ちかけた相談に対して、ひと言で答えたという。

「君が考えたらいいんじゃないの。君はなんでも自分でできる人でしょう」

そうではない。玲子さんは、十五年を超える専業主婦生活から解き放たれて何をしていいか分からず混乱しているのだ。それを、社会で長く生活している夫に投げ掛け、ともに受け止めてもらいたかったのである。

「家の中のことは任されて当然だと思っていましたが、今後の、夫婦としての生き方や私自身のことでも相談に耳を貸してくれなかったから、自分で考えるしかなかった」

玲子さん自身、もともと勉強が好きだったため資格試験に挑戦しようと、資格試験予備校へ通いはじめた。資格取得には夫も賛成してくれた。

「いろいろ考えましたが、中小企業診断士の資格を得ようと思ったんです。年齢的に、就職して企業内診断士になるのは困難ですが、資格を得た後、コンサルティングファームと契約できたらいいなと思ったんです」

資格試験予備校で出会ったのが、恋人となる男性だった。

図書館デート

予備校ガイダンスで偶然隣の席に座った彼は玲子さんより七歳年下、大手百貨店を退職したばかりだった。勤務する百貨店の支店閉店を機に見切りをつけ、将来は経営コンサルタントとしての独立自営に彼は目標を定めていた。中小企業診断士の資格さえあれば、百貨店での仕入れと販売・顧客管理などの知識を活かして、クライアント企業の経営状態を分析し、改善策の立案などを行うことができると彼は考えていた。とにかく資格取得が必要であると、共通の目標を持って彼と玲子さんは予備校で勉強し、予備校のない日には二人一緒に図書館へ通った。

「図書館で待ち合わせて一緒に勉強するんですよ。なんだか高校生みたいでしょ」

はじめの一か月は本当に勉強だけしていた。ときどき、勉強を教えてもらっているなかで彼の肩に触れたときに男性を感じることはあったが、特別意識をしてはいなかった。それよりも目の前の勉強に夢中になっていたのである。その後、小さなテストがあり、思ったより成績がよくなかった彼を励ますために玲子さんは手作りクッキーを作って渡した。彼女としては、息子の勉強を励ますのと同じ感覚だったし、それが浮気のはじまりになるとは思わなかった。ただ、彼を元気づけてあげたかったのである。

「でもね、なんだか彼を誤解させたのかもしれません。それから私を見つめる目が熱く感じられるようになって、でも、そうすると私もなんだか奇妙な気持ちになって」

以前と同じように図書館で机を挟んで勉強しているだけだが、彼からの熱い視線によって、玲子さん自身が自分の中にある「女」を思い出し確認したのである。その夜、眠っているとき彼とセックスする夢をみて、彼に抱かれたいと思っている自分に気付き、長い間忘れていた性欲が自分の中にくすぶっていることを自覚した。

母から女へ

夫とは完全なセックスレスではないが、二か月に一度あるかないかの状態がもう十年以上前から続いている。前にしてから時間が経つからそろそろセックスでもしなきゃね、という感じではじまり、いつも十五分程で終わって眠る。

「夫とのセックスはいつも通り淡々としたものですが、彼はとっても激しく求めてくれます。でも、それが嬉しいほど私に性欲があるなんて、夫が知ったら驚きますよね」

今どき、妻に性欲があることを発見してビックリするような夫はいないだろう。そんな夫がいたらバカだ。多くの夫たちは妻にも性欲があることを知っているし、それを夫としていかに満たしてやらなければならないか戦々恐々とするのである。

問題は、男性の性欲は年齢とともに徐々に減退していくにもかかわらず、妻の性欲は減退しないことにある。二十代よりも、三十代、四十代と、妻の性欲は増強していくのだ。

玲子さんの場合は四十五歳のそれまで「母」という役割を行なうために「女」を封印してきているだけに、封印を外されたときに激しい現れ方となった。それまで持っていた倫理観や「恥ずかしい」という感覚から抜け出したとき、女性は底なしとなる。羞恥心で押さえ込んでいたものが一気に吹き出した感すらある。

「一緒に、温泉へ行きました。以前だったら私が家を空けるなんて考えられないことだけど、息子が寮に入ってから夫の帰宅もさらに遅くなっていましたし、なんだか、家にいても、突然私の居場所がなくなったみたいで寂しかったんです」

隣の県にある温泉は、入浴剤混入騒ぎの影響からか閑散としていた。

「宿に泊まるとき、少しだけどきどきしました。彼が七歳も年下だから浮気だってばれるんじゃないかと思って。でも、宿帳に記入する彼の手元を見たら、住所も名前も嘘を書いているし、なんだ、嘘ついてもいいんだという気持ちになって気が楽になりました。もちろん年齢も。私のこと三十九歳って書いてくれた彼って、意外に大人です」

夫婦をかたっての宿泊。混浴の露天風呂にも、他の客が少ないこともあり、二人裸で手をつないで湯船まで歩き、一緒につかった。

「ほんの一泊でしたが、夫以外の男性との旅行なんて、当然ですが初めてのことです。布団の中では、彼の前の職場の愚痴を聞いてあげたり、お母様が結婚しろとうるさいという話を聞いたりもしました。あっという間の一夜でした。お腹の脂肪がだぶついた夫と違って、彼は痩せているから抱かれても気持ちいい。セックスも本当によくて、私、何年も溜まっていたものを吐き出したようなセックスをしてしまいました」

温泉一泊旅行から帰宅し、夫への後ろめたさはあったものの、何も気付いていない様子に安堵した。独身の彼は、離婚して一緒に暮らそうと言いはじめている。

「彼は三十八歳でしたよね。玲子さん、これからどうなさいますか」

「ええ、考えたんです。でも、どうしたらいいか分からなくて。いいえ、答えは分かっています。だけど彼を失うのが怖い気持ちもあって、決められないんです」

彼女の浮気はまだはじまったばかりだ。まだ夫に気付かれていないタイミングで相談に来所してくれたのはありがたいことだ。女性が、自らの性欲と愛情をはきちがえると、男性以上に厄介な展開となりかねないため、そのあたりを、玲子さんには時間をかけて理解してもらわなければならない。

彼女がそれまでに身も心も捧げてきたのは、「妻」として夫に対してではなく、「母」として息子に対してである。これはなにも彼女にかぎったことではない。日本ではよくあることだ。

男の子を出産した場合、まるで小さな恋人であるかのごとく愛情を注ぎ、かいがいしく身の回りの世話をやく。息子は母親からほめられたいと思い、期待に添えるよう努力する。しかし、成長とともに、注がれている愛情には母親の独りよがりな面があると気付き、息子の側から精神的な距離を取り、離れていく。これは正しい成長である。ところが母親の側は、それまで息子にかけた気持ちや時間、そのすべての行き場を失うのである。その結果、母親の気持ちが外に向かうこともある。

外で出会う男性に、自分の愛した息子に代わるものが存在しているのではないかと無意識に探しながら始まる浮気もある。玲子さんのように、ともに勉強しながら年下の彼の愚痴をきいてあげる関係の男性であれば、息子とオーバーラップするだろう。

そもそも母親としての彼女は、息子に何を期待して育ててきたのか。

「頭脳明晰で、決断力があり、リーダーシップをとることができる」

「愚痴を言うことなく真面目に努力し、人から信頼される」

「明るい気質と優しい気持ちを持ち、私のことを大切にしてくれる」息子には、そんな男になって欲しいと願ってきた。ところが、これは本来、自分のパートナーにしたい男性のイメージである。母親が息子に望むものは、あたかも結婚生活のなかで、妻が夫に対して重ねてきた失望の裏返しであるようだ。

妻から失望されている夫は、けっして家庭をなおざりにしたわけではない。家族のために働くことによって妻をいたわる時間や余裕をそがれているだけだ。それを妻たちが客観的にとらえ直すことによって、夫に対する過剰な期待を取り除くことができれば過剰な失望もなくなる。

かつて日本の「家制度」では、女は家を継承するために子を産み育てる役割であった。その制度において女性は、「娘」から「嫁」となり、いずれ「姑」となった。躾《しつ》けの良いのが「娘」であり、家に嫁いだ存在が「嫁」、古くなった女を「姑」と呼ぶ。なんてこった。これでは、立つ女と書く「妾」のほうがよほど人格がありそうだ。ばかにしてんじゃねえよ、と毒づきたくなる母や妻もいるだろう。あら、毒という字には「母」が含まれている。

妻の浮気の背景には、日本社会の構造的な問題がある。

CASE ケース2

同じ顔の男

クライアント　涼子さん（四十八歳）

異性に対する好みは、生涯それほど変わるものではない。浮気する妻たちから話を聞くと、結婚する前は夫のことが好きだったという。その当時の夫とよく似た顔の男性と浮気をするのもよくあることだ。相手をさらに変えても、ほぼ同じような顔だったりすることもある。テレビでよく見る有名人女性が、「略奪婚」し「離婚」した後、「できちゃった再婚」する相手の顔が前の夫と同じ系統にあると気づいたとき、ニヤリとしてしまう。略奪婚の前につきあっていた男性も同じ系統の顔だったのだろうか。

ノロケる相談者

「彼ってねえ、ほんとうに素敵なの。すごくスマートなしぐさで気持ちは穏やかな人だから、一緒にいて心から安らぐことができるんですよ」

四十八歳の涼子さんは、定期的にノロケるために来所するクライアントである。それが二か月に一度のこともあれば、半年近く空くこともあるが、何かしら報告をもって来所する。涼子さんの報告とは、他所《よそ》では言うことのできない「私の密やかな浮気」を語ることだ。近所の人にノロケることはできないし、友人や身内にも言うことはできない。東京家族ラボへ来所するときにはいつも恋人とのツーショット写真や詳細な日記、二人でやりとりしたメールのプリントアウト等を持参し、いつ、どこのレストランで何を食べ、その夜ホテルでどれほどの熱い時間を過ごしたかを語るのである。こういった類《たぐい》の「相談」も珍しくはない。リピーター化したクライアントのなかには、相談というよりもセラピストを訪ねる感覚を持つ人もいる。

「王様の耳はロバの耳、葦の笛を吹いたら……、そんなことを思っているわけじゃないんですけど、ここでは秘密を守ってもらえるし、安心して話せる唯一の場所なんです。どうしてもノロケたいのよ、私。ふふっ。この前ね、友人の母親の葬式だってウソをついて、彼と旅行したの。その話をたっぷり聞いてもらいたくって、予約を入れた日から今日までの十日間が待ち遠しくって、ほんとに長かったわ」

首をすくめていたずらっぽい笑顔で涼子さんは言いながら、ヴィトンのバッグから封筒をとり出し、相談室の中央にあるガラステーブルに写真を並べた。

「あれ？　前の恋人と違う男性ですね。前の方より、ちょっと若いのかしら？」

「いやぁだ、私が言う前に気づくなんて。前の彼は五十三歳だったでしょ、この彼は四十九歳なの。まだ出会って三か月なんだけど、もういろんなことがぴったり合って、楽しくてしかたないのよ。二泊三日の旅行中もずっと笑ってばかり」

　彼女だけでなく、時折ノロケに来る女性たちは皆、楽しくてしかたないという風に語る。いや、楽しくてしかたない時期だけに来所するのである。

　相手の男性とは、はじめから浮気と割り切ってつきあっているし、間違っても夫と離婚して彼と人生をやりなおそうなどとは思っていない。彼女たちの浮気は、いずれ必ず終わりを迎える。つきあって一年前後で終わることがほとんどだが、終わりを迎える頃には来所しない。いつも、浮気がいちばん楽しい時期に来て、おもいきりノロケを聞かせて爽やかに笑って帰っていくのが彼女たちである。

　ひとつの浮気が終わった後、振り返りのための心理カウンセリングは必要としない。ときに振り返りの方向へ話の流れを向けてみても、彼女たちは反応しない。終わったことにはかかわらないとの意志を持って浮気をするのである。

テーブルから取り上げた新しい恋人の写真を見ていて、気づくことがある。

「あら、ご主人と似てるんじゃありませんか。前の恋人とも少し似ていますね。あごから首、肩にかけてのラインが一緒でしょ、背も高いんでしょうね」

「そうなのよ。よく分かりますね。私ったら、何度つきあっても同じような男性ばっかりなのよ。背が高くて、細面《ほそおもて》で瞳が大きくて、長めの前髪が少し目にかかるくらいがいいのよね。さらさらした髪の毛がいいの。あ、ハゲはいやよ。そうそう。前から思っていたけど、池内さんはハゲている男性が好きでしょう。ご主人もハゲてるでしょ。そのうえ太っているんじゃないの？　俳優だったら誰？」

ご相談をお受けしていて、ときどきこういった質問攻めにあうことがある。どういった質問にでも答えることとしているため、私はいつも問われるままに答える。

「俳優だったら、ジャック・ニコルソンが好きですね。今の夫も髪の毛が薄いですし、やせているより、おなかにたっぷりと肉のついた男性のほうが好きなんです」

「なるほどねぇ、そんなものかしら。あ、私はね、鍛えられた体の男性がいいわ。きちんと鍛えているけれどマッチョじゃなくスレンダーな体。おまけに洋服は少しルーズなおしゃれじゃなきゃいけない。でも、これだけ指定しているからこそ、いつも同じような男性に当たるんでしょうね。当然かもしれないわね」

「涼子さん、すごいですね。繰り返しのパターンを自覚していらっしゃるんですか」

「そうなのよ、自覚しているの。だから、今度は違うタイプを選んでみようと思うんだけど、気がつくといつも同じパターンなの。あら、また同じだったわって気がつくころには飽きて、短い時間で別れるのかしらね」

いや、彼女は飽きるわけではない。彼女たちは短い時間で別れることを自らに課しているところがある。ときには単なる刺激として、ときには燃えるような「恋」を「浮気」というかたちで行っていることも自覚しているのだ。せつないではないか。

そして、「結婚」という社会に守られた枠から自分自身が外れることなど考えもしないがゆえに、楽しいと感じる時間や期間だけを一人の恋人とすごし、美しく終わりを迎えることができる時期を選んで、終わっているのである。

泥沼の終焉《しゅうえん》を迎えたり、長く恨みを持ち続けるような醜い終わり方は、彼女たちの好むところではない。たとえば、相手の男性も結婚して家庭を持っている場合には、彼を離婚させようなどとは考えないし、彼の家族を崩壊させるような言動は間違っても行わない。また逆に、彼からプロポーズさせるような思わせぶりを見せることなども、彼女自身の恥である。ましてや、一人で錯覚して舞い上がるような知性のない男性を相手として選ぶことなど、はじめからない。

安心のパターン

およそ人の好みというものは、生涯を通じてそれほど大きく変化するものではない。「安心できる顔」というものを、それぞれの人が持っている。多くの場合、女性が持つそれは、父親や過去の恋人、昔憧れた学校の先生とどこか似通っている。父親も恋人も恩師も、ある時期の彼女たちにとって「私を大切にしてくれる、安心できる存在」だったからこそ、記憶に残る顔立ちは安心の要素となる。結婚でも浮気（恋愛）でも、安心できる顔を選ぶのは当然のことだ。

男性の場合は、母親がその基準となることが多い。目と目の間隔の広い母親に育てられた男性はヒラメ顔の女性の顔に安心するし、太った母親に育てられると、たっぷりとした肉感に安心を覚え、やせた母親に育てられた男性は、細い腰を抱くことで安堵するのである。また、茶色い瞳の母親に抱かれていれば茶色い瞳を持った女性に安心する。茶色い瞳を見慣れた日本男性が、ときに青い瞳の女性に惹かれるのは好奇心や征服欲がスタートであって、安心からではない。征服の後に、征服欲が満たされたことによって結果的に安心を得るのだ。

話が横道にそれてしまったが、涼子さんの告白はまだ続いている。

「あ、まだあるのよ、男性に対する私の好み。彼の声が、またイイの。肩を抱かれたときに耳元であの声でささやかれると、もうそれだけでぞくぞくしちゃう。肩を抱かれただけなのにイッてしまいそうなくらい感じちゃうのよねぇ」

女性が異性を選ぶときのもう一つ大きな要素として、男性の発する「声」がある。

低く、くぐもった声でゆっくりと話す男性が好きだという女性もあれば、少し高めの声でささやくように語る男性が好きだという女性もある。テレビの討論番組にも出演する東京大学の姜尚中《カンサンジュン》教授は女性の人気が高い。その人気の秘密は、整った顔よりも声と言葉のトーンにあると私はみている。姜教授が、頬杖の一つもついて、例のトーンでこんな風に言ったらどうだろう。少しゆっくり。

「ご存知のとおり、ウェストファリア条約以降、近代国民国家が成立したんですよ」

このフレーズに多くの女性がうっとりとして、そうね、そうなのね、うんうん、とうなずくのだが、彼女たちはウェストファリア条約が何であるか知らないし、知らなくても構わない、知っている必要もない。姜教授が、姜教授の声で話し、画面を通して少しゆったりとした空気が伝わってくるということが大切なのである。すべてをなげうってもいいとすら思う。それは、話の内容が違うものでも同じ反応がおこる。たとえば姜教授が同じ声のトーンで次のように言ったらどうだろう。また、少しゆっくり。

「ご存知ですか、少し先にある横丁のパン屋の角には、赤いポストがあるんですよ」

この言葉にも同じようにうっとりと、そうね、そうなのね、赤いポストがあるのね、とうなずくだろう。ようするに、言葉の中身など聞いちゃいないのだ。

同じ顔の繰り返し

話はまたしても横道にそれてしまったが、涼子さんは変わらず語っている。

「そうそう、今の彼だけじゃなくって、前の彼も、独身時代の恋人も、みんな声が素敵だったわ。そういえば、私の夫だって、声は悪くないのよ、イイの。ふだんは何を考えているのか分からない人だけど、あの声で語られると、どうしてかしら、つい納得させられちゃうのよね」

成人してからの声は他の器官に比べてもっとも変わりにくいものであると同時に、似た骨格からは似た声が発せられる。したがって、涼子さんの夫と前の恋人と今の恋人の顔が似ているのも当然だ。鼻からあご、のどにかけてのラインはほぼ同じである。涼子さんの恋人たちは毎回写真を見せてもらっているため、確信を持つことができる。さらに彼女の場合は、髪型や瞳の大きさ、服装まで指定しているため、三人を一列に並べると奇妙なほどの相似形になるだろう。

これは女性だけにかぎられたことではない。フェティシズムなどという言葉を引っ張り出すまでもなく、男性の好みはさらに顕著だ。女性の場合は、いつも似たタイプの相手を繰り返し選んで浮気をしがちであり、自分の年齢とバランスをとって（自分より年齢が下か上かは好み次第に）相手との年齢差がほぼ一定だ。しかし男性の場合は、そこから年齢という要素を「引く」のである。

浮気の報告に訪れる相談者は、もちろん女性ばかりではない。

男性相談者の中にも、浮気を繰り返し、涼子さんと同じように、相手が変わるたびに写真を持参して詳細な報告をしてくれる男性もいる。

そんな写真持参相談者の中にはこんな人もいた。

初回は彼と彼の妻が一緒に来所した。主な相談者は妻のほうだ。彼女の不満は、夫が面白くない人間だ、ということだった。眉間の深い縦皺《たてじわ》をさらに深めるかのように眉をひそめて、夫は気が利かない、面白くないと繰り返し言いながら、このまま夫婦を続けてもいいものかと尋ねる。私からは、「特に夫婦をやめなければならない理由がないのであれば、しばらく続けてみてもよろしいのでは」と伝え、妻は、それならそれで構わない、離婚するのも面倒なうえに世間体が悪いから、夫の側に夫婦を続ける意志があるなら私も続けます、と言った。夫は妻の顔を見ながら言葉にした。

「今五十歳だが、どちらかが亡くなるまでずっと夫婦を続けていきたい」

それを聞いて妻は納得して帰って行ったのである。

二度目には彼が一人で来所した。妻から言われて来たのではなく、妻には内緒での来所であった。前回の相談で、池内から離婚を勧められたらどうしようと思っていたら止めてくれたので助かったと、礼をいうために来所したのである。

「お礼を申し上げるついで、というわけではありませんが、私はじつは浮気をしています。まだ妻にはバレていませんが、バレたら怒るでしょう。でも、離婚するつもりはありません。妻はとても気が強い女ですが、今まで仕事をしたこともありませんし、五十歳という年齢から自活するのは無理ですから、子どもたちに迷惑がかかります。妻の残りの人生は、私が責任をもって養っていくものだと決めていますから、離婚を勧められなくて良かったと思います。ところで、ちょっとこれを見てください」

彼が差し出したのは、浮気相手の写真だ。私は思わずアッと声をあげそうになった。そこに写っている女性は、前回一緒に来所した妻の二十年ほど前の姿かと見まごうほどそっくりだったからだ。ストレートで肩まで伸ばした髪形まで似ている。

その後も彼は何度か来所した。ときには愛人女性を伴って来ることもあった。もしも愛人たちを一列に並べることができるなら、三十歳、三十五歳、四十歳と五年刻みに、どのように肌が衰えていくか、プロポーションが崩れていくのか、まるで一人の女性の老いかたを見るに等しい光景が見られたことだろう。それほどまでに、彼が選ぶ浮気相手の顔は同一なのである。いちばん若い愛人の二十年後が妻の姿である。

なぜわざわざ妻そっくりの愛人を選んで、しかも毎月多額のお金をかけるのか理解に苦しむところではあるが、彼が恥ずかしそうに見せてくれる写真には、髪型も洋服の様子も似た女性がポーズをとって微笑んでいる姿。いずれの女性にも、眉間にくっきりと縦に入ったシワがある。これも彼の好みだろう。共通する眉間の深い縦皺は、少し気難しく、気性の荒い女性が彼の好みであることを表わしていた。

CASE ケース3

秘密任務の男

クライアント　加世子さん（四十七歳）

横須賀、沖縄等の米軍基地周辺にあるクラブに若い女性がたむろするのは有名である。目的は米兵。白人でもよいが、黒人米兵をボーイフレンドに持つことにはじめから狙いを定めている女性もある。また、基地周辺や基地を離れた六本木の外国人パブには、語学を習得するのが目的だともっともらしい理由をつけて白人あさりをする女性もいる。これはなにも独身女性にかぎったことではない。妻たちの浮気相手に選ばれる男性にも、米兵は少なからずいるのである。

職場はペンタゴン

「日本という慣れない島国に来て、彼はきっと大きな不安があったんです、きっと」
彼のプロフィールをあまり詳しく話すわけにはいきませんが、と前置きしたうえで、加世子さんは、ひと息に彼との出会いを語りはじめた。

　初めて会ったのは、夜十時、都内の路上だった。加世子さんが、大学受験を控えた二男を塾に自家用車で迎えに行き、二男を乗せて自宅方向に走っていた途中で道路の脇に倒れ込んでいたジェフを見つけたのである。夜道でも白人であることは分かった。怪我でもしているのではないかと自家用車を路肩に停めて、二男を車中に残したまま加世子さんだけが近寄り、話しかけた。来所時四十七歳の加世子さんは、学生時代、米国でホームステイしていた時期があり、英会話には自信があるという。

「彼を抱き起こしてみたら、怪我をしているわけでもないのに、涙を流しているんです。お酒に酔っているようでしたので、話を一生懸命聞いてあげました。一通り話し終えると、日本に来て君のような女性にはじめて出会えて嬉しいと携帯電話の番号を交換したんです。話し終えて起ち上がったら、二メートル近い大きな男性だったので驚きました。泣いているときはとても小さく見えたんですけれど」

　ジェフから翌日電話を受け、昨夜のお礼に食事をしようと誘われた。加世子さんは、子どもが三人いて、夕食はいつも自宅でとるため外食はしないと伝え、少しお茶を飲むだけであればＯＫと申し出を受けた。英会話をもう一度勉強したいと思ってもいたので、日本語を解さない彼との会話はちょうどよい機会だった。

　二日後、加世子さんは自宅で夕食をとり、二男を塾に送って行った後、最初に出会った場所の近くにあるショット・バーへ入って話した。彼は四十一歳、単身バージニア州から日本へ来たばかりのため、故郷が恋しくて寂しくてしかたないという。加世子さんとは英語で会話できるのが嬉しいと喜んだ。

　翌朝、前夜のお礼を言うために加世子さんはジェフの携帯電話にかけたが、つながらない。その日だけでなく、翌日もジェフは電話に出ない。携帯電話のメッセージボックスは一杯である。加世子さんは心配だったが、勤務先も聞いていないため連絡の方法がない。テレビでは、九月十一日に世界貿易センターへのテロによってビルが崩れ落ちる映像が繰り返し流されていた時期だった。

　数日たって彼から連絡があったとき、勤務先が座間基地だとはじめて聞いた。

「彼が日本へ来たのは、9・11テロの一週間前でした。私と二回目に会ったのが、テロの二日前だったんです。その後、ずっと座間基地で米軍の仕事をしていたため連絡を取ることができなかったと謝ってくれたんです。次に会ったときにきちんと説明すると約束してくれました」

次に会ったときには、説明どころか、すぐに君を抱きたいと求められ、誘われるままにシティホテルへ行き、二男の塾の迎えにも間に合わなかった。加世子さんの夫は単身赴任で博多にいるため、子どもたちにだけ電話をかけ、「急用で帰ることができない」と伝えて、その夜は二人でホテルに泊まった。

「じつは、学生時代ホームステイしていたとき、ステイ先の息子さんや彼の友人たちとセックスをしたことがあるんです。同じアメリカ人でもジェフは彼らとまったく違っていました。大人だし、情熱的で素敵で、ずっと私の体を褒めてくれながら一晩中ずっと私に、私への愛を耳元でささやいてくれるので、何度もエクスタシーを感じて、それが翌日の朝までずっと。頭の中は真っ白で、もう、家に帰るのがいやになるほど」

えーっと、ご相談の内容はセックスのノロケでしょうか？

私は、残りの相談時間を、アメリカ人のセックステクニックやピロートークなんかを微に入り細にわたって聞かされなければならないのかとためいきをつきかけたところ、話はようやく本題に入った。

加世子さんは、その後もジェフと会っており、もう二年のつきあいになるが、徐々に彼を恐ろしく思いはじめたため、彼との別れ方を知りたくて来所したという。

「加世子さんは、彼のどういうところを恐ろしいと感じられたんでしょう」

私の問いかけに、彼女は大きく息を吐いた後に言った。

「結婚しよう、ってプロポーズを受けました。私はずっと前から夫との離婚を考えていましたし、ジェフと結婚したいし、ジェフが大好き。子どもたちもすっかりなついて、座間キャンプのオープンデイに遊びに行ったときやハロウィン、クリスマスにも、彼は本当に子どもたちを楽しませてくれて感謝しています」

ではは問題はなさそうではないか。恋人からプロポーズされた、恋人と子どもは仲がいい、夫とは離婚する、なんだか丸くおさまりそうだ。よろしくやってくれ。

離婚に際して経済的な問題はないという。結婚してからずっと夫婦別口座で預金は別々に管理してきたし、夫も加世子さんも実家が裕福で、生前贈与として毎年親から受取ってきたものが、二人別々の銀行口座に数千万円ずつ預けられているので生活の心配はない。昨年、夫に離婚をほのめかしてからは、子どもたちに必要な学費はすべて夫が支払うという方向での話し合いもはじまっている。離婚の時期は保留としたままだが。

ジェフの経済面も問題はない。お金のことばかり心配するのは汚いようだが、今まで専業主婦として生活を送り仕事をしたことがない加世子さんの今後を考えると、将来夫となる可能性のあるジェフの経済状態をはかるのは当然だ。

加世子さんの相談内容が、夫との離婚へのアドバイスを求めるものであれば理解できるが、なぜジェフとの別れを考えるのだろう。

「座間基地は若い米兵が多いんです。でも、彼は四十三歳。けっして若くはありません。それでも今まで独身だったのは、彼の任務は秘密が多いため結婚しないほうがいいと軍の上層部から命令があったからだって言うんです。それと、9・11テロを合わせて考えてみると、まるでテロを予測していたかのように日本に来ていますし、ワシントン郊外にあるペンタゴンではなく、遠く離れた日本から指示が出せるようにしていたとしか思えなくて。私が想像もできないくらいの極秘任務、トップシークレットを背負って来日したのかもしれません。そう思うと、怖くて」

外観が正五角形をしているため通称ペンタゴンと呼ばれる米国国防総省をイメージしながら彼女の話を聞いているうちに、私の頭の中に、妙なものが浮かんできた。

まったく不謹慎ではあるが、極秘任務だのトップシークレットだのという壮大さから、ふと、クヒオ大佐を思い出した。一部好事家には伝説の詐欺師として有名な男。

詐欺のターゲットとした女性に、僕は今、戦闘機のコクピットから君へ電話をかけているんだ、なんて大法螺《おおぼら》を吹きまくった男。結婚詐欺で何度も逮捕されていた、プリンス・ジョナサン・クヒオ大佐（自称）である。ずっと以前に週刊誌で見た写真では、特異な王侯貴族風の衣装を身にまとっていた。彼は、米空軍パイロットであり、エリザベス女王の親戚にしてカメハメハ大王の末裔《まつえい》と名乗った。本当のところは北海道出身であり、写真で見る限り、どこをどう見ても立派な「ニッポンのおっさん」だったけど。

二〇〇三年、自称有栖川宮の逮捕の際、肩書き詐称つながりで、クヒオ大佐（自称）を再度取り上げたマスコミもあった。ま、そんなことはどうでもいいのだが、私の頭の中に浮かんだイメージはクヒオ大佐（自称）であり、それをぬぐい去るために三十秒ほどの時間が必要だった。

マジック・マッシュルーム

加世子さんの恋人ジェフは白人である。彼女の弁によるとフランス系アメリカ人。彼の言動を怖れる彼女自身にいくらかの想像が入っている可能性が否定できないとはいえ、私は、問われたことに答えなければならない。彼女の話をおさらいしてみよう。

彼自らが語ったように、米軍上層部の命令によって米兵である彼の結婚が禁止されていた事実があったとしよう。禁止命令のために彼は現在まで独身だった。ところが今は禁止が解かれて彼は加世子さんにプロポーズすることができた。米軍から結婚許可がおりたということは、軍として危険が去ったと判断したために結婚の許可がおりたということではないか、と伝えながら、次の疑問がわいたので確かめてみる。

「それはそうと、イラクの件に、彼は関わっていないんですか?」

「ええ。ジェフがイラクに行くことは絶対にないと言っていました。彼は指令系統の中でも重要な責任あるポジションにいるので、そのため、何が起こっても、いつも一番安全な場所から指示を出すんだと笑っていました。でも、いつも、笑った後、泣くんです。私が怖いと思うのは、そのことでもあります」

加世子さんは彼の精神的な不安定さを心配している。彼は、9・11テロの前後、しばらくマジック・マッシュルームを乱用していたと彼女に告白している。最初に会ったとき路肩で倒れていたのも、軽い幻覚作用のためだったと後で聞いた。マジック・マッシュルームは9・11テロ当時の日本では合法だったが、その後二〇〇二年六月から麻薬として規制されている。

「じつは規制前に彼から勧められて一緒に粉を飲んだことがあったんです。とっても気持ち良くって、何度か勧められるままに飲みました。いえ、今は、私はやっていません。でも、もしかすると彼はまだ手に入れているかもしれないと思うことがあるんです。ねえ、怖いでしょう。私はどうしたらいいかしら」

どうしたらいいかしら、と言われても困りますね。薬物乱用者からは走って逃げろと伝えたいところだが、自宅も知られており子どもたちともグッド・コミュニケーションな関係にあるのであれば、そうもいかないだろう。

とりあえず、加世子さんに薬物の危険性を説いておこう。

マジック・マッシュルームとは、サイロシビン、サイロシン等の麻薬成分を多く含むキノコの総称で、その成分が中枢神経系に作用して、摂取後一時間以内に興奮や麻痺、幻覚が引き起こされ、乱用を続けることによってより強い刺激を求めるようになり、覚せい剤の使用につながっていく怖れもあるものだ。たしかに恐ろしい。報道されたものでは、二〇〇〇年にマジック・マッシュルームの粉末を飲んで「空を飛ぶことができる」とビルの九階から飛び降りて死亡した事件もあったし、睡眠薬と一緒に服用し意識不明になった人もいる。現在は麻薬規制の対象であり所持しているだけでも法律違反、懲役や罰金という処罰もある。

説明を聞いた加世子さんは真っ青になっている。

「そうなんです。おっしゃる通り、私もすごく、万能感というか、何でもできる気持ちになって……。でも、私はやめました。だけど、彼は、ジェフはどうなんでしょう」

「彼は今ここにいませんから、ちょっと横に置いておきましょうね。それより、加世子さんは一人でよくやめることができましたね。立派なことだと思います」

「いいえ、私は立派ではありません。池内さんは薬物なんて使うことはないでしょう？ 精神的に強い人はやらないんですよね。私は弱いんでしょうね」

たしかに私は薬物の使用はしないが、それは精神的に強いからではない。逆に、もし一度でも使うと依存するかもしれないほど弱い面が自分にあると知っているからやらないのかもしれません、と、加世子さんには慰めにもならないことを伝えてみる。

現在の彼はどうだろう。今もまだマジック・マッシュルームを手に入れているどうか、加世子さんが知ったうえで必要とするなら治療を勧める。あるいは通報も考えなければならないが、米軍の持つ治外法権的特権から、どこまでの可能性があるか、残念ながら私がアドバイスできる範囲ではない。薬物依存の治療に対応している医師と、語学に堪能で米軍等の情報にも詳しいと思われる弁護士を紹介しておこう。

弁護士の連絡先を伝えながら、彼女自身の相談内容とは異なる視点での怒りを覚えた。ジェフなる人物は本当に米兵なのだろうか。もしも本当に米兵であれば、こいつらのために、日本国民の税金が「思いやり予算」として組まれることに対する怒りだ。思いやりはじめたのは一九七八年。当時、金丸信防衛庁長官（故人）が六二億円の負担を決めた。そこから三十年近くたつが一九九四年以降は、毎年約二五〇〇億円前後を計上し続けている。毎年、二五〇〇〇〇〇〇〇〇〇円も、ね。

子どもへの影響

マジック・マッシュルームへの不安もあるだろうが、加世子さんには一度頭の中のチャンネルを変えてもらわなければならない。

薬物依存の可能性がある恋人男性ジェフと加世子さんとの関係と、彼女自身が夫と離婚するかどうかとはまったく別の問題であるため、離婚にフォーカスする。

単身赴任で夫婦の間が冷えきっていたとはいえ、ジェフの出現がなかったら離婚せず別居のまま夫婦を続けていたかもしれない。その点を加世子さんに問うてみる。

「たしかに別居を続けていたと思います。でも、それって変な夫婦でしょう？　別居のまま会話もなく過ごすなんて普通ではありませんよね。だったら、子どもたちへの影響も考えていっそ離婚したほうがいいでしょう。もちろん、ジェフとのことは大きな原因ですし、彼がいなければ、離婚したくてもできないかもしれません」

別居中の夫は、今までどんな生活を送ってきたのか。夫の浮気はあるだろうか。

「いいえ、夫はたぶん一度も浮気をしていないと思います。もともと性的に淡泊な人だし、子どもたちの成長だけを楽しみにしているようなところのある平凡な人で、単身赴任先でも外食ではなく自炊で生活してきています。博多は食材がいいから料理の腕があがったと、帰宅したとき鍋料理を作ってくれたりもします」

なんだ、いい人じゃん。いや、思うほど悪くはない夫ではないか。

そうであれば、離婚の時期を焦らず、今一度熟考してもいいだろう。

加世子さんは、両親が別居していることで三人の子どもたちにおよぼす影響が心配だという。が、そんなことを今さら心配してもしかたがない。子どもたちは小学生の頃からずっと父親は単身赴任という環境で育ち、三人とも今やすでに大学生であり、基礎的な人格はすでにでき上がっている。今さら、同居せず会話のない父親と母親から、あらためて影響を受ける要素はない。これからは大人の理解をしていくだろう。

あらためて子どもたちが両親から影響を受ける要素があるとすれば、両親のそれまでの関係性からの変化に対してである。さらに言えば、母親が、電話一本しただけで帰宅せず、薬物依存の可能性のある、父親ではない男と一晩中セックスに溺れることのほうがよほど大きな影響を与えることだ。言わなければ分からないと思っているかもしれないが、日々の生活をともに暮らしている子どもは案外敏感に察知するものだ。ましてや母親が外国人と再婚するのであれば子どもへの影響は必至だ。それまでの文化と異なる文化を受け入れるという影響。環境変化のストレスは思う以上に大きい。

彼が米軍でどれほどの高い地位にある人物かは知らないし、そもそも、それも怪しいと思うが、交際している女性に薬物を教えるような不良ガイジンを、自身の再婚相手や子どもたちの父親に選んでよいのかどうか。結婚を視野に入れるのであれば、単なる浮気相手やセックス・フレンドとは異なる条件を熟考したほうがいいだろう。

単身赴任生活の長い夫、事実上離婚したも同然の夫婦であることと、現実に離婚することとはまた意味が違う。もう一度、夫との関係を見直していこうと提案した。

加世子さんが「普通」だと言う「夫との関係を持つ」ことは、多くの妻たちが努力して行っていることではあるが、「夫との適切な関係や距離を保つ」妻たちもまた多い。

何をもって「普通の夫婦」ということができるのか、連日多くの夫婦トラブルを見てきている私からはすでに語ることはできなくなっている。

それぞれの夫婦が、それぞれのかたちや、それぞれの関係性を持っているのである。関係性や会話は、存在することだけが推奨されるものではなく、過剰な関係を持つことを避ける、あるいは会話を強要しないからこそ継続してきた夫婦もある。加世子さんと夫が夫婦として継続してきた二十二年間は、上手に距離を保ってきたからこそ得られた成果であるかもしれない。それらを見直したうえで、それでも離婚が避けられないのであれば、浮気相手の件とは別問題として正面から受け止めるべきである。

見ると、加世子さんは泣きだしそうな顔をしている。

「池内さんは女性なのに、どうしてそんなに女性に厳しいことを言うんですか？」

へ？　なにをもって厳しいとおっしゃるのだろう。

厳しいというのは、たとえば、次のように彼女に伝えることだ。

「ひとたび妻から夫へ離婚を申し出たのであれば、絶対に後戻りは許されません。必ずあなたは離婚しなければなりません。薬物依存の可能性が捨てきれない外国人と新しい生活をスタートさせ、もしも薬物依存があれば妻として治療に協力するのが当然であり、いずれ母国に帰る彼と一緒に異なる国で生活する覚悟もしなさい」

こんなことを命令して従わせれば、厳しいと言われても仕方ない。しかし、彼女に私が伝えたのは、しごく真っ当でスタンダードなアドバイスである。占い師ではないから、天国だの地獄だの、起こる未来の予測や死後の世界を語ることもない。

夫婦間においては、まだ起こってもいない未来を夢想するより、現在の夫との関係を見直すことが先決であるのは、厳しさではなく当然のことだ。しかも彼女の夫は、十年以上単身で生活し、単身だから寂しいと言い訳をして薬物に依存することなどもなく仕事を全うし、生活費の送金を続けてきている。自炊で単身生活を楽しむ努力すらしている。あるいは、離婚するのであれば子どもの学費はすべて支払うと約束する夫に対して、これまで彼女が行ってきたことは、夫婦以前に人として礼儀を欠くことでもある。

それを「子どもへの影響」などという甘っちょろい言葉なんかに責任転嫁されては、三人の子どもたちだって納得できないだろう。浮気相手のアメリカ人がファンタジーな男（いやサイケデリックな男か？）だからといって、母親という立場もある彼女までもが現実から目を背けていいはずがない。

子どもを隠れみのにして自分だけを甘やかす女性に、私はかなり手厳しい。

CASE ケース4

三十五歳のシンデレラ　クライアント　祐子さん（三十五歳）

水商売の恋人に入れ揚げた挙句、転落の人生を歩むというのは、すでに男性の特権ではなくなった。いや、むしろ免疫がないだけふつうの主婦がハマると深刻だ。かつて、ホストクラブといえば経済的余裕のある有閑マダムか女性経営者、風俗・水商売の女性が顧客だったが、店舗数の増大に伴う過当競争と、顧客確保のために初回飲み代数千円というリーズナブルなサービスを行なう店も増えて敷居が低くなり、いまや会社帰りのOL、人妻、ときには高校生までもが通い詰めている。

恋人はホスト？

「彼は今ホストをやってるんですけど、私、彼と結婚して幸せになりたいんです。どうやったら夫と別れて彼と一緒になることができるか教えてください」

三十五歳の祐子さんが開口いちばん「恋人はホスト」と言うのが気にかかる。二人のなれ初《そ》めから尋ねることにしよう。

彼女が初めて新宿のホストクラブへ行ったのは、高校時代の同級生で、会社を経営している真紀子さんが三十五歳の誕生パーティーを開いたときだ。ホストクラブ店内やホストたちをテレビで見たことはあったが、行くのははじめてだった。小学二年生の一人息子に夕食をとらせ、風呂に入れ寝かしつけた後の夜十二時すぎ、地図を見ながらようやく店へたどり着いた。これほど遅い時間の外出は結婚してはじめてだ。それだけでドキドキした。

店内に入ると、中央のソファに座っていた真紀子さんが立ち上がり、手招きをしながら大きな声をだすので、恥ずかしくてあわてて真紀子さんのソファへ向かった。

「遅いよ～祐子ぉ～。あたしなんてもうず～っと飲んでんだから。ねぇ、タツヤ」

タツヤと呼ばれた男の子は、金髪の頭を絶えずゆらゆら左右に振りながら言った。

「はじめまして、タツヤです。先にご馳走になってしまいました。ごめんなさい」

どうみても自分より一回りは若い男の子に、いきなり立ち上がって謝られてもどうしていいのか分からない。空けてもらったソファに腰掛けて、並びに座っている女性の顔を見たが知り合いはいない、真紀子さんの仕事仲間のようだ。女性たちに向けて軽く会釈したが、誰も話しかけてはくれない。祐子さんは、はやくも来たことを後悔していた。人見知りが激しいのに、ホストクラブだと聞いてつまらない好奇心をだして来るからこんなことになる。いたたまれない気持ちでいっぱいになり、すぐにでも帰ろうと腰が半分浮きかけたときだった。タツヤが声をかけてきた。

「なにを飲まれますか？　僕たちはシャンパンを飲ませてもらったんです。真紀子さん、どうしましょう。僕、こちらの彼女みたいに素敵な女性に、いったい何をお勧めしたらいいのか分かりません」

素敵？　素敵な女性と言われたのははじめてだ。どういう反応をしたらいいのか分からなくて黙っていると、タツヤは優しく笑ってくれた。真紀子さんの隣にいた女性が、「もう一度乾杯しましょう、もう一本ピンドンを開けて」と注文した。

八人ほどのホストたちが真紀子さんに向かって一列に立ち並ぶ。タツヤも。

「真紀子さんの、と〜っても素敵なお誕生日に、と〜っても美しい女性が集まってくださってありがとうございま〜す♪皆さまのように愛らしいピンクのドンペリもありがとうございま〜す。あ〜、ピンドン、ピンドン♪ピンドン、ピンドン♪」

背筋を伸ばして真顔で「あ、ピンドン♪」と奇妙な節で唱和するのがおかしい。

ドンペリをついで回ったあと、タツヤは自然に彼女の隣に座る。

「びっくりしませんでしたか？　ごめんなさい。こういうお店は初めてですか」

また謝られる。祐子さんはシャンパングラスを落としそうになり、少しこぼした。

「あ、ごめんなさい。僕が急に話しかけたりしたから。大丈夫ですか」

またまた謝られてしまった。なにか話さなければならないと思ったが、言葉が出てこないうちに、タツヤがおしぼりでスカートを拭いてくれる。スカートよりも、子どもを寝かしつけてすぐ出てきたため、髪型が他の女性のようにきれいにカールしていないことが気にかかっていたし、タツヤが拭くスカートの先にある靴が気にかかる。十年も前から履いているつま先の革が少しめくれ傷だらけのパンプスがとても醜く見えた。

そのときは緊張してろくに話もできなかったのに、数日たつと、優しく気を使ってくれたタツヤに会いたくなって、二回目に同じホストクラブへ行ったのは一週間後だった。一人で向かった。ホストたちはみんな祐子さんの顔を覚えてくれていて嬉しかった。

その日、人見知りの激しい彼女にしてはめずらしいほどたくさん話した。なにを言ってもタツヤは笑って聞いてくれていたし、タツヤだけでなく、祐子さんただ一人の前に五人もの男性が並んで座り、祐子さんが一言話す度に揃って大きくうなずいてくれる。

三回目には、タツヤを「指名」した。前回はすぐに席についてくれたのに、三回目のときには他の席にいて来ることができなかったからだ。指名したらすぐに来てくれ、前と同じように祐子さんはたくさんのおしゃべりをした。

四回目に行くには、お金がなかった。毎月の生活費を夫から一六万円受け取っていたが、三回目から料金が一万円を超えるようになっていたし、次にはボトルキープをしてくださいとタツヤから頼まれていたからだ。ボトルを入れると支払いは四万円近くになるだろう。生活費の四分の一がほんの数時間で消えてしまう。

なにより、着ていく洋服がない。ふだん着ているのはカットソーとジーパンばかりで、とてもホストクラブへ行くことはできない。なんとかして新しい洋服を買わなければ、それもワンピースでなければタツヤに会いに行くことはできないと思った。

私はお姫様

この時の祐子さんにとってホストクラブにいる間は、まるでジャニーズの男の子たちに囲まれているお姫さまの気持ちだったという。

「ねぇ、池内さん。お姫様が着古した服装じゃ、周りを取り巻く王子様たちにも失礼でしょ。シンデレラだって魔法でドレスを手に入れてるんですもんね」

口をとがらせて言う彼女に同意するわけにもいかず、私は曖昧に笑っておく。

「私にも誰か魔法をかけてくれて、素敵なドレスを着せてくれたらいいのになぁ」

祐子さんがつぶやいたとき、彼女の携帯電話が鳴った。

「あッ、タツヤからだ。いやぁだ、今ご相談中なのに。ちょっと出ていいですか」

答えを待たずに、祐子さんは、くしゃくしゃの笑顔で携帯を耳につける。

「はい、祐子です」

「あ、祐子さん。オレだよ、オレ。オレオレ」

携帯電話からタツヤの声がもれ聞こえる。相談室に「オレオレ詐欺」のような声が、がんがん響く。

「祐子さんどうしたの？　風邪でもひいてるんじゃないかって心配してんだ、オレ。来てくれるって言ったじゃん。オレさ、待ってたんだよ。それでさー、今度さー」

「来週行くから、火曜日には必ず行くから。大丈夫だから。電話ありがとう」

祐子さんはタツヤからの電話を切ったが、頬は上気したままだ。ほうっと小さなため息をついてから、顔をこちらへ向けた。

「ね、タツヤが私を愛してくれるなんてまるで魔法みたいでしょ？　お店に来るのは、私よりずーっと美人でお金持ちの女性たちばっかりなのに、私の体調まで気づかってくれて、ほんとうに優しいんですよぉ」

タツヤは祐子さんに三日に一度は電話をかけてくる。メールは毎日届く。帰宅時間すら伝えてきたこともない夫とは大違いだと、彼女は口をとがらせた。

そして彼女の夢は広がるのである。

いつかタツヤにホストクラブを辞めて昼間の仕事をしてもらって、息子と一緒に三人で暮したい。息子だって、四十一歳の「バカボンのパパと同い年の父親」より、二十歳のパパのほうがいいに決まっている。息子とはまるで兄弟みたいに見えるだろうな。そのときは、私にはこんなに若くてカッコイイ夫と、こんなにかわいい息子がいるのよって、はじめてホストクラブへ誘ってくれた真紀子に見せびらかしに行こう。真紀子は社長だけど、まだ結婚はしていないし子どももいないから、きっと羨ましがるに違いない。

その日は、タツヤと三人お揃いのトレーナーで。

彼女が私を訪ねてきた時には、まだ魔法はかかったままで、相談内容は「ホストと結婚するために夫と離婚するにはどうしたらいいか」というものだった。

もちろんその場にホストのタツヤはいない。祐子さんはできればタツヤと一緒に来所したかった。誘ってみたが、忙しいの一言で断られた。

彼女たちがハマる理由

「私にも誰か魔法をかけてくれて、素敵なドレスを着せてくれたらいいのになぁ」

この言葉あるいは類似する表現で、魔法をかけられることを望む妻たちは多い。祐子さんのきっかけはホストクラブだったが、別にホストクラブにかぎった話ではない。いってみれば、「変身願望」の一種だ。それは、以前いわれたシンデレラ症候群とは微妙に異なるものだ。シンデレラ症候群は、いつか私の前に王子様があらわれて平凡で退屈な人生から華やかな場面に引き出してくれると望むものだったが、現在の妻たちは、王子様を望むのではなく、自分自身のすべてを魔法で包みたがっているともいえる。

自分自身に魔法をかけて「特別な扱いをうける私」に酔うのがホストクラブだ。これは、世の夫たちが歴史的に繰り返してきた銀座のクラブ通いとは明らかに異なる。

銀座のクラブで自己顕示欲を満足させたり、取引先を満足させるための接待であったりするかぎりには、借金をするほど溺れることはないしハマりはしない。

夫たちがハマるのは、銀座の高級クラブではなくフィリピン・パブやコリアン・バーで、彼女たちが話す少し舌たらずな日本語を聞き、年上の人を敬うという儒教的文化の中で育った彼女たちから「古きよき日本のようなもの」を見つけたと思ったときだ。

胸の大きさと顔の美しさ以外はあらゆる意味で「俺様」を越えることのない女性をみつけたとき、彼らは安心する。勝手に感動を覚える男性も少なからずいる。舌足らずに話す彼女はなんて純情な子だろう、しかも俺様を頼ってくれるいじらしい女だと信じて、すとんと落とし穴に自ら入りこみ一方的に入れ揚げる。これをハマるという。

フィリピンから日本へ出稼ぎにきている女性が不純だとはいわないが、純情だともいえない。彼女たちの振る舞いはすべて「お仕事」である。性質が大人しいために黙ってうなずくのではなくて、日本語がじゅうぶんではないために話すことができない、あるいは、得意がって話をさせておくことが「俺様」を喜ばせる接客だからそうしているだけだ。それは、同じ国からやってきた仲間との母国語での会話スピードと声の大きさ、話す勢いや表情から簡単に分かることなのに、男はなぜ純情だと感じるのか、不思議だ。

ホストクラブへ通う女性には二通りある。

銀座に代表される男性のクラブ遊びに類する通い方をする女性と、祐子さんのように魔法をかけられたがっている女性だ。

男性のクラブ遊びに類するのは、ホストクラブで誕生パーティーを開く真紀子さん。女性経営者の真紀子さんは、ホストを下に見て命令する。また、ピンクのドンペリニョンという高額シャンパンを開けることで、ホストを自分の席の前に並べて他の客の注目をひき自己顕示欲を満足させる。日常的に、仕事仲間の女性たちの接待にホストクラブを使っている可能性も否定できない。いたって男性的な楽しみ方ともいえる。

また、祐子さんのように魔法をかけられたがっている妻たちは、家庭のなかで夫から女性としての扱いを受けていないため、「素敵な女性ですね」のひと言で魔法にかかる。夫に話しかけても無視される日常が続いているのであれば、うなずいて話を聞いてくれるだけで魔法にかかってしまう。五人、七人と、ホストが集団で一列に座り女性客の話にうなずくのは仕事の手法として正しい。

タツヤは、なにも特別な技術を使って祐子さんを騙しにかかっていたわけではない。まめな電話とメールはホストの「営業」であるし、優しい言葉をかけるのもホストであれば当然だ。むしろ彼女たちから「とにかく誰でもいいから魔法をかけてほしい」と、がんがん迫っているようなものだ。

体験してみた

離婚相談を行なっていると、祐子さんのほかにもホストクラブに絡む相談が時々ある。これは、私自身がホストクラブへ行ったことがないのはまずいのではないか。一度は行って遊んでみなければ店内の様子すら分からない。クライアントに共感するためと称して夫に娘の世話を頼み、行ってみた。

さて、どうだろう。彼女の言うように素敵な王子様がぽわぁんと魔法をかけてくれるのだろうか。けっこう楽しみに、ホストクラブのドアを開いた。

ところが、これが、じつにつまらない。

つまらないと感じたのは、ホストクラブでの遊び方を知らないからだと笑いたければ笑え。吐き捨てるようにいって申し訳ないが、およそ知りたくもない。

クライアントだけでなく、私の友人にもホストクラブにハマって湯水のようにお金をつぎ込んでいる女性官能小説家がいるが、どうにも理解できない。彼らのために財布を開くのはもったいないとすら感じたほどである。もうこりごりというのが正直な感想だ。

オヤジ風にいえば、私は銀座の高級クラブではなく一杯飲み屋向きなのだろうか。いや、もしかすると店のチョイスを間違えたのかもしれない、本当はもっと楽しい店があるのかもしれないと気持ちをふるいたたせて、結局合計三軒のぞいてみた。

一軒目。ここへ一人で行くには不安があった。ひどい方向音痴のため、はじめての場所を見つけるのが困難であり、また、ホストクラブというものは少し分りにくいところにあるとも伝え聞いていたので同行者が必要だ。ちょうど男性弁護士と打合せを行なう必要のある案件があったため、そのついでに誘ってみたら快諾してくれた。

「何ごとも社会勉強ですから、ご一緒しましょう」

彼は方向感覚のしっかりした人であるし、職業がら万一トラブルになってもなんとかしてくれるだろう。しかし、そもそも、こんな風に万一を考えて準備を整える女などホストクラブの客に向かないのかもしれないと内省しつつ。

パーティールーム風にしつらえたホストクラブでは、四名がついた。彼はビール、私は冷酒を頼んだ。しかし、ホストと二人の間に会話がない。向き合ってじっと座っているだけだ。彼が気を利かせ、「あなたたちも飲み物をどうぞ」と勧めた。

「いや、僕らはいいッすよ。ビールいただきます」「僕はウイスキーの水割りいただきまッす」「あ、じゃ、僕も」「僕はお酒が飲めないんでコーラをいただきまッす」

ふん、つまらん。

四人にグラスが渡り、乾杯なんかしてみたが会話がない。どうやら私たちが話しはじめるのを待っているようだ。しかし、弁護士も私も、相手の話を聞いてから掘り下げるパターンに慣れているし、二人ともあまりむだ話をするタイプではない。さらに、この場は仕事ではないので自ら話さなければならない義務もない。仕事はホストの側だ。

ぐるっと見渡してみたが特に話したいこともない。みんなが場を持て余していたため、少しだけ気を使って、リーダー格と思われるホストに「なにか面白い話をして」と振ってみた。彼は私の顔を二秒間じっと見つめて大きな声で言った。

「お客様は若い頃ずっとおキレイだったんですね。なんつッて、慣れてますか。はは」

はあ？　今しゃべったのは何語だ？　ばりばりの金髪でモンゴリアン顔のこの男の子は、どこか異国から日本へ来たばかりなのだろうか。

いや、苛《いじ》めてみたいわけではない。たしかにある意味面白い話なので解読してみよう。

彼のセリフ前半は、「若い頃のあなたは今よりさらに美しかったのでしょうね」と褒めてみたつもりなのか、はたまた、「あなたは若い頃からずっと今まで美しい」と絶賛したのか。私は若い頃このホストに会ったことはないから前者だろう。さらに、後半フレーズも意味不明である。「あなたは人から褒められ慣れているのでしょうね」であるのか、「俺って褒めかたが慣れているでしょう」と自慢をしたのか、分からない。口語としても変だ。最後の笑い声では少し照れているようにも見受けられるが、彼がなぜ照れを覚えるのか、その理由も見つけられない。

十年も大阪で暮した私は、オチのない話や、こちらがボケようのないツッコミにいらつく。かといって、彼が話した言葉の意味を尋ねたら彼自身が墓穴を掘りかねないので気の毒だ、やめておこう。他の三人のホストは、まるで一昔前の女の子よろしく椅子の上でもじもじしているだけである。すっかり持て余してしまった。

これは男連れで行ったのがまずかったか、はたまた店のキャリアが若いためにこなれていなかったのではないかと、別の日、歌舞伎町のいわゆる「老舗《しにせ》」へ行くことにした。先の店に同行してくれた弁護士からは、「ホストクラブは時間の無駄だから、もう二度と誘わないでくださいね」と引導を渡されたため、一人で向かった。

歌舞伎町の老舗店内は、黒とゴールドで統一されている。

そこではホストの写真つきメニュー表のようなものを見せられ、好みのタイプはどれですかと尋ねてくれたが、好みの顔が見つからない。顔で選ばなくてもいいやと決めて、「気を使うのは面倒だから、大人の男にしてね」とリクエストする。しばらく待つと、べとべとした頭の、濃い顔をしてにやついた五十代ホストが出てきた。あらら困った。私は、年寄りを出せと言ったのではなく大人の男と言ったのだが、まぁしょうがない。

着席したホストから、自分は二十年近くホストをしているという誇りや数々のご自慢エピソードを延々と聞かされた。ときどきツバが飛んでくる。さらに、ぐりぐり膝を太ももへ押し付けてくるので痛い。いや待てよ、これこそがもしかすると彼のホスト歴二十年の奥義かもしれない。なーんて、勝手に想像して遊んでみたところで面白くもない。

二つの異なるタイプの店でそれぞれ数時間すごしてみたが、結局、ホストが若くても年配でも、こちらが気を使ってやらなければならないことにうんざりした。これでは、ふだん近くにいる仕事関係の男性たちと、お茶やお酒を飲んで話すほうが百万倍も楽しい時間をすごせるではないか。

いやいや、もしかすると女一人きりで行ったからつまらなかったのではないか。さらにめげず気持ちを奮い立たせ、日をあけて三店舗目にトライする。

いわゆるオオバコと呼ばれる巨大な店へ、今度は編集者とライターを誘って女三人で行く。その印象は、広い店内にたくさんのホストがいて入れ替わり立ち替わりやってきてうるさい、というもの。残念ながら他の二人も同じ感想だった。私たちは、誰も真紀子さんのように高飛車になってはじけることはできなかったし、祐子さんのように魔法にかかることもできなかった。雰囲気の異なる店を三軒訪ねても、ホストクラブへの印象はなにも変化しなかったのである。

しかしいずれの店でも、周りの他の女性客の中には、恍惚と目を潤ませ魔法にかかっている人がいた。ハマるというより、あきらかに依存の目をしている人もあった。

しかし、女性たちがどれほどハマろうとも信じ込もうとも、「魔法」はいつか解ける。いつ魔法が解けるか、そのタイミングが問題である。飲んで騒いだ後の早朝、ホストクラブの暗い店内から表へ出て、新宿の路地にたむろするカラスと目が合ったときにすうっと解けるか、自宅へ帰って洗濯機のスイッチを入れたときに解けるのか。いや、夫や子どもにホストクラブ通いがばれるその日まで魔法は解けないかもしれない。それは、人それぞれだ。

日常的に他者との接点が少ない女性ほど、魔法は解けにくいといえるだろう。しかし、魔法にかかり続けるためには努力が必要だ。かかる費用を調達しなければならなくなり、クレジットやサラ金へと走る人も少なからずいる。ひいきのホストから頼まれる度にボトルを入れなければならないし、ホストの誕生日や記念日にはプレゼントにもお金がかかる。ホストクラブ通いを続けるためにはサラ金にも通い続けなければならない。

ホストクラブにハマっている女性たちの多くは自分のことをお姫様であると夢想して疑わないが、現実には、ホストとホストクラブの奴隷となっている場合もある。

残酷なことだが、魔法はいつか解ける。

いくら現実に戻さないでと泣いて願ったとしても、彼女が借りたサラ金への返済は現実問題として家計を圧迫するものだ。その借金が四〇万円のときに魔法から醒めるか、一〇〇万円を超えたときか、あるいは自己破産するまで覚醒しない場合もあるだろう。

金銭的な問題だけではなく、憧れのホストに自分の子どもを会わせ彼から顔をしかめられたときとても惨めな思いをしたという人もあるし、夫や子どもにすべてがばれて離婚を申し渡された瞬間に夢から醒めた妻もいる。

相談に来所した祐子さんは、タツヤから愛されているわけではないと気づくことができたため、取り返しの付かない深みをのぞき見ることなくホストクラブ通いをやめることができた。さらにアフターフォローとして、今の夫がいかに祐子さんを大切に思っているか気づいてもらうために夫の来所を要請し、ホストクラブへ通ったことは伝えないで、彼女が欲している言葉かけを行うことができるためのアドバイスをし、言葉かけを練習し、現在も離婚にいたることなく過ごしている。

誰だって、ときにはどこかへ逃げ込みたくなることはあるだろう。

祐子さんの場合はそれがホストクラブだったというだけのことだ。なにもそれだけを理由に離婚するほどのことはない。祐子さんが離婚するとタツヤも困るかもしれず、結果的に祐子さんが大切にしたい思いを汚す言動を見なければならない可能性もある。

一時期タツヤを大切だと感じたことはそれほど深い罪ではないし、その思い出は、消し去らなければならないほど醜いものでもない。祐子さんが自分だけの心の中に留め置いているうちは大丈夫だ。

ところが、ホストクラブにハマって相談来所する女性の中には、すでに手遅れとなっている場合もある。夫に子どもを取り上げられて離婚させられ、借金を背負ったまま家を追い出される結果を迎えた後に来所する女性もいる。彼女は実家の両親からも戻ってくるなと申し渡され、ホストクラブで作った借金を返済するために今も働いている。

ホストクラブにハマるには理由がある。依存症あるいは人格的な問題を抱える女性は別として、妻たちの日常の中にその理由がある。

ホストクラブで多額の借金を抱えた女性たちは一様に口にする。

「私のことを大切にしてもらうためには、どうしてもお金が必要だったんです」

彼女たちは、家庭のなかで夫から大切にされている実感がない。

夫はいつも私のことを無視して話も聞いてくれない。夫も姑も、子どもを育てるのは立派な仕事だと口では言ってくれるが、なぜかいつもバカにされているように感じる。育児も家事も下を向いてやることばかり、もっと上を向いて話してみたい、私の話を聞いてもらいたい。私のことを、お母さんや妻ではなく一人の女性として扱ってほしい。誰でもいい、誰か私のことを大切にしてほしい。

そんな悲鳴にも近い気持ちを彼女たちは日常的に抱えているのである。その挙句、ホストクラブという夢の世界へ逃避してしまい、取り返しがつかなくなる妻もあるのだ。

彼女たちの抱える不満や未消化な気持ちを結婚生活の中で解決できる方法はないか。できれば夫の協力を仰ぎたいと望む。夫が一緒に来てくれると、案外簡単に夢から引き戻すことができる。

夫という存在は、妻にとっては最大の現実であるから。

CASE ケース5

妻の下着

クライアント　雅美さん（四十六歳）

妻がどんな下着を身に着けているか知っている夫たちは少ない。「妻の下着なんて百年の恋も冷めますよ。大きな肌色のパンツではね」こんな風に嘆く夫は、ある意味では幸せだ。浮気する妻は絶対に大きなパンツをはいたりはしないから。レースの花をちりばめたキャミソールや、そろいのブラジャーとスキャンティは要注意。が、それを浮気のためなどと言う妻は一人もいない。「赤色の下着は丹田に気が集まっていいんだって、みのもんたさんが言ってたわ」なんて、さも堂々と下着を買い替える妻は危ない。

下着を買い替える理由

「私、とっても素敵なブラジャーを着けているの。先週買ったばかりなのよ」

相談室に着席した彼女は、浅く座り直して胸を張り、鼻先をつんと持ち上げ、細く白い首から鎖骨を見せ背筋をすっと伸ばした。今にもブラウスの胸元のボタンに手をかけんばかりに。身長一六〇センチ、体重は四〇キロ台前半だろう、かなり細身だ。四十六歳の雅美さんは、高校生の双子の息子たちの母親とは見えないほど若々しい。淡い栗色にカラーリングしたストレートの髪の毛を軽くシニヨンにまとめて、高めの位置にバレッタで止めている。左右の耳にある大ぶりのイヤリングもよく似合っている。

「素敵なイヤリングですね。金色の台座も赤のラインストーンも素敵です」

「ふふ、イタリアンブランドのフェレよ。いいでしょ、彼が買ってくれたのよね」

彼とはもちろん夫のことではない、恋人のことである。彼女が東京家族ラボへ来所するのは二年ぶりだが、以前の来所から彼女と私はずっとメールのやりとりをしているため時間の経過は感じない。メールは相談ではなくおしゃべりのようなものだ。

以前来所したのは、当時彼女が不倫をしていた相手男性と別れたばかりのときだ。二十六歳で結婚した彼女の、二度目の不倫だった。息子たちの子育てを行っているときは、彼女自身、夫以外の誰かを好きになるなど思ってもいなかったことだが、息子たちが小学四年生になったとき唐突に、恋をしたいと思ったという。

「それはもう希求するって感じ。それまでの私って、自分の中にひそむ〝女〟を忘れていたのね。早い時期から寝たきりとなった姑の介護をしながら双子の息子たちの子育てに追われていたし、夫と一緒に調剤薬局の経営もして、姑を看取るまで、お化粧もあまりしていませんでしたしね。スカートなんて一枚も持っていなかったの」

「頑張っていらっしゃったのはよく分かります。でも、それだけ美しいのに、なんだかもったいないですね。顔立ちのきれいな人はメイクでさらに美しくなられるのに」

「そうでしょう！　でも私、それまで自分が美しいということに無自覚だったと思うの。あら、自分で美しいなんて言っちゃだめかしら。でも、そのあたりの不細工な女よりきれいよね、私。あ、不細工なんて言っちゃいけないのかしら」

「大丈夫ですよ。女性が美しくあるのは素敵なことだと思いますし、卑屈になったり行きすぎた謙遜よりも聞いていてずっと気持ちのいいものです。雅美さんが、ご自身の美しさを自覚なさったのはいつ頃だったんでしょう」

彼女が自らの美しさを自覚したのは、息子たちが小学四年生に進級したとき。クラス役員を引き受けるときに、同じ保護者である母親から注意されたという。色白で瞳の大きな彼女が目を細めると男を誘っているように見えていやらしいと言われた。

いやらしい？　そんな風に言われたのは初めてのことだ。

「そんな風に言われて嬉しかったの。私って色気があるんだと思って、嬉しかったの」

保護者会を終えて家に帰りシャワーを浴び、念入りに化粧をしてみた。持っていた化粧品は古いものばかりだからパウダーもうまくつかなかったし、口紅には油が浮いていた。それでも顔をととのえ、玄関にある等身大の鏡の前に立ってみる。

「そしたらね、ダメだったの。目が悪いから化粧の出来栄えは気にならなかったけど、下着がダメ。タンスの引出しを見てもいつの間にか肌色の下着ばかりで、長い間おへその上まであるパンツばかりはいていたことにそのとき初めて気付いたのよ」

慌てて近くの百貨店に向かって華やかなランジェリー売場へ駆け込み、まるで憑《つ》かれたように下着の試着を繰り返した。それまでAカップだと思っていたブラジャーは、サイズを測ってくれたアドバイザーからCカップだといわれて、ちょっと得意になる。エスカレーターに乗ったときには両手に大きな紙袋を抱えていた。

一階のフロアには化粧品売場が輝かしく並ぶ。昔使っていたニナ・リッチのショップへ向かい一通りそろえた。下着と合わせた買い物金額は一四万一七〇〇円。

「安いと思ったのよ、あれほどの幸せな時間が一四万円で買えるなんて、今まで私はなにをしていたんだろうって、ぱあっと目が覚めちゃった感じ、分かるでしょう」

うん。それは分からないでもないかな。ランジェリーやメイクアップキットは、選ぶのも買うのも楽しいものだ。それにしても一度に一四万円は大きな出費だ。

「だってね、私はずっと薬剤師としても夫を支えてきたの。でも今まで自分のためだけに使ったお金なんてほとんどなかったのよ。いつもきれいな洋服ばかり着ている池内さんには、分からないかもしれないわね」

うーん、困った。洋服もアクセサリーも私にとっては商売道具なんだけどな。

相談に来所する多くの女性は、好むと好まざるとにかかわらず離婚に向き合う人だ。離婚経験のある私は、そのときの彼女たちにとって一時的に「離婚の象徴」のように受け止められる対象でもある。もちろん、しばらくたつと一個の人間であるとの理解も得られるのだが、初対面で失望させてはならないと私は考えている。

彼女たちの目の前に座る離婚した女が髪振り乱し貧乏臭い服装でいると、そうでなくとも結婚の夢と幸せが破れたと傷ついている彼女たちに、離婚は夢も希望も与えないと思わせることになるではないか。だから相談を受ける側の私は適度にきれいにしておく必要がある。離婚に向き合う彼女たちの未来を暗くしないためにも。

ま、そんなことは雅美さんにとってはどうでもいいことだが。

二年前に来所した当時の雅美さんは、夫と二人で経営する調剤薬局に通ってきていた客の男性に恋をして交際し、その男性と別れた直後だった。一年近くの間、二人でラブホテルに行き、お金を使うこと自体を楽しく感じていた雅美さんがすすんでホテル代を払い、独身だったその男性にたくさんのプレゼントを贈っている。ところが彼女は、彼から別れを切り出された。悔しくて悔しくてしかたないが、かといってこの気持ちを誰に言うこともできないという思いを抱えて訪ねてきたのである。

そのときも、彼女はきれいな下着を身に着けていた。

「彼に会うのに、いつものおばさんパンツじゃ恥ずかしいでしょ。だから、パンティも布の部分がとっても小さいスキャンティに買い替えちゃったのよ」

「突然スキャンティに変えたことに、ご主人はなにもおっしゃらないんですか」

「なんにも気付いていないんじゃないかな。夫とは二〜三か月に一度セックスをしているけど、私がどんな下着をはいているか見たことはないと思いますよ。『脱げよ』みたいな暗黙の了解で、夫に合わせて私は自分でパンティを脱いで、はーい、って待っているだけですからね。夫婦ってそんなものだからつまらなかったんです」

前回の相談時には、夫は彼女の浮気に気付いていなかったために、彼女を捨てた男を追いかけるのではなく、夫婦をもう一度やりなおして、彼女自身が夫をふたたび愛することができるかどうか確かめてみると言って帰って行った。あれから二年。

「結局、だめでした。やっぱり夫を愛することなんてできなかったの。家族なのに今さら愛するっていうのもなんだかかえって気持ち悪い感じもあってね。夫婦のセックスパターンは相変わらずだし、相変らず夫は私の下着の形も色も知らないわよ」

ところが、雅美さんは夫の下着の色も形も知っている。

「夫だって、浮気したのよ。私がなぁんにも気付いていないと思ってたみたいだけど、知ってたの。でも、騒ぐのも面倒で放っておいたら一年くらいで終わったみたい。だって、下着がまた以前と同じものに戻ったからね」

妻たちは夫の嘘など簡単に見破ることができる。雅美さんが夫の浮気に気付いたのは、やはり下着が原因だった。それまで白い大きなブリーフをはき、少しくらいゴムが伸びていても黄ばんでいても気にしなかった夫が、自分で柄物のトランクスを買ってはいた。初めのうちはこそこそとトランクスを隠していたが、雅美さんが何も言わないと知り、堂々と洗濯機に入れるようになった。それまで無頓着だった下着を夫が替えると、妻は即座に浮気を見破る。

夫の浮気は、携帯電話と下着と歯磨きからばれる。携帯ラブラブ・メールを夫たちは後生大事に保存しているし、ある日突然鏡に向かい、歯間ブラシを使ったり熱心にブラッシングを始めるのは口臭予防だろう、ばかみたい。自分の夫だけではない世間の夫たちが行ってきた浮気の歴史は長いため、妻たちは夫の嘘を見抜くことに上達している。

嘘を見抜くことに長けた妻たち自らが嘘をつくときは、けっして迂闊な嘘はつかない。周到な準備で下着を替えた妻にとって嘘をついているという意識はない。ときには自分自身さえ無意識のうちに騙して、私だけの恋愛物語というドラマを楽しむ。

新しい男には新しい下着

雅美さんは、今日なぜ素敵なブラジャーを身に着けているのだろうか。

「私ね、恋人ができたのよ。もうなんだか自分でも困っちゃう気もするんだけど、二〜三年に一度、猛烈に恋をしたくなるみたいね。今そのサイクルなの」

だから素敵なブラジャーを身に着けているんだ。

「たとえばね、二年もたつと下着って古くなるでしょ。レース部分をひっかけて破っちゃったり生地が薄くなったり。だから、好きな男性ができると、彼のために全部の下着を新しいものに買い替えることにしたのよ、彼のためにね」

彼女は、本当にすべての下着を買い替えたという。ブラジャーもスキャンティもキャミソールもパンティストッキングも。今の恋人はガーターストッキングが好きだからとガーターも購入している。色はいずれもオレンジ系でまとめている。オレンジのシルク地に白い花のレース刺繡《ししゅう》があるものや、オレンジベースに、ワインレッドの生地が小さく柄のように縫い付けられたもの、白地にオレンジ色の大小の水玉が無数にあるもの。いずれも花柄か水玉模様で、ストライプはない。

不思議なことに女性の下着は、本人の好みでストライプ柄を何点も持っている場合と、ストライプ柄を絶対に買わない人に分かれる。彼女は後者である。

「ほんとに全部買い替えたのよ。買い替えていないのは夫だけよね、あはは」

「ご主人との関係は以前と変わらず、ですか」

「そうね。でも離婚を考えるのはもうやめたわ。かといって夫を愛することももうできないし、離婚しなくてもいいんじゃないかと思い始めているところ」

「離婚しないですむのであればそうなさったほうがいいと私は思います」

「だって双子の息子たちも高校生になって、これから大学へ行くから大変だしね」

彼女の言い分には家庭の事情、主に息子たちに関わる事情がある。

高校生となった息子たちは二人とも大学への進学を希望しており、塾へ行き勉強を真面目に行っているが塾代の負担は大きい。また、二人ともが理系を選択しているため、それぞれにパソコンを一台ずつ買い与えているし、選択する大学によっては入学後、年間一人五〇〇万円前後の学費が必要だ。双子であるからダブルで。

「お金がかかるけど夫は喜んでるの。息子が調剤薬局を継いでくれるかもしれないと思うと嬉しいのよ。私だって、やっぱり嬉しいですもん。だから、妻として夫を愛するのではなく、母親として息子の将来を壊さないために離婚しないことに決めたの」

調剤薬局では、薬剤師の夫と妻とアルバイト店員一人が店番をしている。夫は勉強会や講演に出かける度に息子たちの将来をすでに自慢している様子でもある。息子たちも休日には店頭の品出しや在庫運びを手伝ってくれるようになった。

それが嬉しいと語りながら、彼女は浮気相手の男性についても冗舌になる。

「今の彼は薬局の近くにある会社でＩＴ関連の仕事をしていて、いつもドリンク剤をまとめて購入しに来るお客様だったんです。その、いつ見ても疲れている感じがなんだか愛おしくなっちゃったのよ」

夫が医薬品メーカーからの接待で一泊二日のゴルフ旅行へ出かけた日の夕方、彼女から声をかけて彼を誘った。三十四歳で独身の彼と駅三つ離れた町の居酒屋で食事をし、ホテルのバーに行った後、同じホテルの宿泊階へ。

「セックスは気持ち良かったわ。一回りも年下の男性ってやっぱり元気だし、一生懸命だし。あんなに懸命に私の中の女に向かってくる感じは夫ではもう無理ですよね。お互いなにもかも知り尽くして段取り通りの面白味のないコトばかりですもんね」

妻がそのように感じるのであれば、夫も同じように思っているだろう。それは、お互い様かもしれない。言葉にするには少々寂しい話ではあるが。

それでも彼女は続けて語る。

「彼はね、胸を吸っていいですか、顔を埋めていいですか、ストッキングのガーターを外させてもらっていいですかっていちいち尋ねるのよ、耳まで真っ赤にして。かわいいでしょ。イッちゃうのは夫も彼も早いけど、彼は若いからすぐ回復するのよ。ね、何度も求められるってことが女として嬉しいわよね」

回数の好みは人それぞれだろう。一晩に何度も繰り返すことが好きな女性もいれば、一度だけじっくり長い時間をかけるのを好む女性もいる。中にはまったく挿入も射精もせず、髪の毛をなでられ肩を甘噛みされ、胸や背中、腰から膝、足の指まで舐めて互いに触りあうだけのグルーミングのような一夜を過ごすのが好きだという女性もいる。

ところで彼女の相談内容は何だろう。彼がいかに心地よいセックスをしてくれるかはよく分かった。この後は、彼の得意な体位の話にでも移るのだろうか。

「いやぁだ、そんなんじゃありませんよ。じつはね、私自身の別れ方を決めておこうと思って、今日はそのご相談にあがったんですよ」

浮気の終わり方

彼女が希望しているのは夫との離婚ではなく、男性との浮気の終わり方を準備しておきたいということである。もともと調剤薬局の薬剤師と顧客という関係であり、彼女も恋人も別れた後も地元での仕事を続けなければならないから、美しい終末を今から計画しておきたいと彼女は望んでいるわけだ。

「今の彼は半年くらいで終わるだろうって私は予感しているんです。だから今度はバカみたいにお金をつぎ込まないでいます。息子たちの学費もかかりますし、誰にも迷惑をかけたくないの。ドラマティックな終わり方って、どうかしら」

どうかしらと問われても。彼女がなにをもってドラマティックとするかによってそれは異なるが、すでに彼女の恋愛物語は終焉に向かっている。

「もう終わりを予測していらっしゃるのであれば、淡々と終わることです。今から新しいドラマ展開は求めないほうがいいと私は思いますが、いかがですか」

「そうね、そうかもしれない。展開した新しいドラマで彼が私に離婚を迫ってきたら困るし、それを断って彼がストーカーになって夫や近所の方々にバレてしまうとか、そんなみっともないことになるかもしれないですものね」

賢い彼女は、別れるとき二人の間でトラブルが起こるのは嫌だという。まだ若く独身である彼だけに、ストーカー化して近所に迷惑をかけるようなことがあれば薬局を続けられなくなる。なによりも、息子たちにバレるのは絶対に避けたい。現在までホテル代も食事代もすべて彼が払っている。彼女は、今までお金を払っていないからこそ、彼女の側から手切れ金のようなものを渡さなければならない事態も絶対に避けたいという。別れるときにお金にシビアなのはいつも女性の側である。

彼女が演じたドラマのエンドロールを流さなければならない。

「雅美さんと彼が連絡を取るとき、どちらから電話をかけていましたか」

「それは私からよ、いつも。だって彼は独身でいつでも時間の自由がきくけれど、私は夫がいないときじゃないとダメでしょ。だから、いつも私から電話してたわ」

「デートの日程を決めるのも雅美さんが行なっていたんでしょうか」

「当然ですよ。だって私のほうが予定を立てづらいんですもん。彼はどんなに忙しいといってもしょせんサラリーマンで、私は経営者ですからしかたないでしょう」

そうであれば長々とエンドロールを流す必要もない。ぷつんと切ればいい。雅美さんが別れたいと思ったときに、電話連絡を絶てばいいだけのことだ。薬局に押し掛けるほどの勇気を、今の彼はまだ持ちえないだろう。

「別れの美学」は不要

安全な別れを望むのは、なにも雅美さんにかぎったことではない。

ご相談をお受けしていて思うことだが、人は「別離」を美化しすぎる。現実の別れは、美しくもなければ悲しくもない。ただ、それまでの関係が「終わる」だけのことだ。もの悲しい気持ちや切なさや恨み、つらみは個人の中に残るものであって、関係性の中には存在していない。安っぽいロマンティシズムはもうやめようよ、大人なんだから。

終わるためには何が必要であるか。

人は「別れ話」をしたがる。ところが別れに際しての話し合いなど、欠片《かけら》も必要ではない。それが夫婦の離婚であれば、財産や慰謝料といった精算を行なうための闘争があるが、それとて話し合いではない。条件のすり合わせである。さらに、夫婦ではない恋人や浮気相手との間での別れ話とは、話し合いの場を持つために電話し、会うという行動をとるものだ。それは別れではなく、関係性の継続である。

本当に別れるためには、「時間」か「空間」かどちらでも構わない、その距離をあけるだけで終わる。終わったということは時間か空間をあけることによって相手に伝わる。それでも終わりを察知できない相手であれば、そもそも浮気相手として選んではならなかった相手だったと認識したほうがいい。その場合は主観的な話を重ねれば重ねるほどこじれるだけだから、より客観的に法的な手だてをとることを勧める。

時間か空間をあけるだけという終わり方をし相手に察してもらうことによって、ふたたび望んだときには、またいつでも再開できるものでもある。

CASE ケース6

ときめきの業界人

クライアント　美幸さん（五十一歳）

恋に憧れる女性がいる。恋に恋する、あるいは「恋をしている私が好き」という女性たちだ。それは人妻にかぎらず独身女性であっても同じである。その場合、相手の男性を一個の人間として客観視する力を一時的に失いかねない。「恋をしている私」に過剰に酔いしれた挙句、予期せぬ危険な落とし穴に陥ることもある。浮気であれ恋愛であれ、オトナの恋を楽しむにはある程度の知性が必要であるし、荒唐無稽なサプライズよりも予定調和が安心できる。夫婦や家族がデンジャラスな時代、浮気くらいは安全に。

殺したい相手

「一度だけでいいと思ったんです。私の人生で一度だけ狂おしいほどの恋をしたかったんです。そんな恋ができたら、美幸はもう死んでもいいと思っていました。だけど、今となっては彼を殺したいんです。どうやったら殺す勇気を持てるでしょう」

あらまあ。いきなり、ぶっそうな話だ。

五十一歳の美幸さんは目に涙を浮かべながら語る。きちんと化粧をしており爪には赤いマニキュアがきれいに塗られているが、少し疲れているように見える。やつれてはいない、じゅうぶんに肉感的である。髪の毛を外巻きカールにしているため丸い頬が際立つ。着ているのは、年齢のわりに少し若々しい感じの花柄のフェミニンなショート丈のワンピース。肩にかける薄いカーディガンがずり落ちるのが気にかかるのだろう、何度も手でひっぱりあげる。その度に濃い香水の匂いが相談室に立ちこめてむせるようだ。

顔立ちはけっして悪くはないのに、なぜこれほど片方の口の端と片方の眉だけを曲げて話すのか。身体全体を左方向へ曲げているためにバランスを取ろうとしているのか。私は、できるかぎり、彼女が口にした「死ぬ」「殺す」という言葉をリピートすることなく話の糸口を見つけるよう心がける。

「今日は部屋が少し冷えているかもしれません、ひざ掛けをお使いになりますか」

彼女はこちらを見据えて、思い詰めたように深いためいきとともに言う。

「ああ、いっそ……いっそ、美幸は、私は彼の胸を包丁でひと突きにしたいほどです」

彼女はまだ、彼を殺したいという言葉を続けたがっているだけだ。

「美幸は、私は、一度だけ人生において狂おしいほどの恋がしたかっただけなんです。誰か男性に恋をして、じっと見つめてもらいたかったんです」

「あなたの夫は、あなたを見つめてくれてはいなかったんですか」

「いいえ、夫のことなんか話したくありません。いっそ、夫も殺してしまいたい。いいえ、彼を殺したい。いっそ、いっそ、セックスをしている時に彼の心臓を包丁でひと突きにしたいくらいの重い苦しみが詰まっているんです……」

何度も、死ぬ、殺すと言い続けている彼女を前に、しばらく待つことにした。

しかし、本当に、女が男の心臓を包丁で刺すのであれば難しいだろう。

洋服の上から見て心臓だと思う場所にきちんと刃を通すためにはよほど思いきりよく突っ込まなければ刺さるものではないし、骨のすき間から心臓を正確に突き刺すには、よほどの修練と経験が必要だろう。さらに、裸の人間を刺すには狂気が必要だ。

女が男をひと刺しで殺害するつもりであれば、もっとさりげなくやらなければ失敗してしまう。たとえば、恋人が勤務する会社から出てきたときに後をつけて街中で偶然を装って笑顔で近づき、内緒話をするふりをして、台所から持ってきた果物ナイフで彼の咽《のど》をかき斬るとか。しかし彼女にそんな度胸があるとも思えない。

「だって美幸は、私は、べつに本当に殺すって言ってるんじゃないんですよ。殺したいって言ってるだけなのに。ただ、ちょっと殺したいだけなんです」

「美幸さんがそこまで思い詰められた理由をお伺いしてもいいですか」

「だって、言いたくないんです。殺したい！　でも、本当は殺したくない……」

そう言った後、彼女は泣きはじめ、何を話しかけても一切口を開かなくなった。

本当に殺す気持ちがないのであれば、人の死など口にしないほうがいいのにな。

彼女は、夫ではない男性に彼女自身が望んで恋をした。それは狂おしいほどの恋であった。が、「狂おしいほどの恋ができたら死んでもいいと思った」と言いつつ、生きて目の前に座っているし、翻って相手の死を望んでいる。

自傷と他害は同じことである。それは彼女がいいとか悪いとかではなく、人の死に直面したことがない人であるというだけのことだ。まだ人の死に直面したことがないのは不幸なことではない。そのことを彼女自身が素直に享受できるための現実を一緒に直視できるといいな。あ、彼女の涙がおさまってきた、話しかけてみよう。

「美幸さん。少しお話を伺いたいのですが、よろしいでしょうか」

「ええ構いません、どうぞ。でも、私が言いたくないことは絶対に言いません」

「美幸さんが恋人の彼とはじめて出会ったところって覚えていますか」

「イベント。彼は業界人だから、その日もイベントの立ち会いに来ていて、終わった後、私たちのグループに女性の意見を聞かせてと誘われ喫茶店に行きました。テレビ業界の人だから池内さんも知っているかもしれないでしょ、だから言いたくない」

あらら、また口をつぐんでしまった。

業界人。テレビ業界の人。なぜ女性の多くは、テレビ局に勤務していたり画面に出ていたりするだけで憧れを持つのだろう。芸能人に会ったことがあったり、芸能人の知人があるということだけで瞳を輝かせる理由はどこにあるのか。不思議である。

美幸さんが話しはじめた。

「はじめて会ったときの彼は、黒色のスーツに黒色のワイシャツに黄色のネクタイをしめて、黄色のサングラスをかけてパイプをくわえて、ハンチングを少し斜めにかぶっていて、すごくカッコ良かったんです。大人の男って感じでね、喫茶店で話をしているうちに私、もう、すっかりポーッとして。彼がそっと携帯電話も教えてくれたんですよ、私だけに。でも彼の名前は言えない。もしかすると有名な人かもしれないから」

はあ、そうですか。

彼と彼女のファッションセンスはさておき、ここで大切なのは「私だけに」である。美幸さんはそのイベントに主婦仲間四人で行っている。イベント終了後、彼から声をかけられイベントに関するアンケートを求められて喫茶店に入り、そこで丁寧に一人ずつ住所と連絡先、氏名や家族構成、世帯年収からクレジットカードの有無、趣味その他を書いてコーヒーをごちそうになった。

個人情報の漏洩《ろうえい》がこれほど取りざたされている時代に、詳細によく記入したものだと呆れるが、彼女たちの個人情報がその後どうなったか知る由もない。

それにしても、業界人でハンチングに黒と黄色ずくめのパイプ男、ですか。私はあまり多くのテレビ業界の人を知っているわけではないが、業界を拡げて新聞・出版や広告代理店まで思い出してみても、そんな珍妙なファッションの男性はまだ見たことがない。

彼と美幸さんはその二日後に会い、会ってすぐラブホテルへ行った。

「ほらぁ、松田聖子さんが再婚したときに言ってたじゃないですか。ビビビ婚。私も彼に会ってビビビッと来たんです。あ、その前に、神田正輝さんと結婚する前には、聖子さんが郷ひろみさんと別れたときがありました。『生まれ変わったら一緒になりたい』

って言いましたね。私も彼に、あれとおんなじ気分になったんです。でも、ビビビッと来た波多野さんとも別れちゃったんだけど、彼女って」

五十一歳の美幸さんは、松田聖子にとても詳しい。しかし、ファンかと問うとそうではないという。「美幸と似たところがあって、とても近い気分」だという。

彼女が身に付ける花柄フェミニンなワンピースと外巻きカールの髪型は、コンサートの松田聖子イメージが根っこにあるのだろう。しかし、松田聖子という存在は、彼女自身の努力と奇跡の賜物である。だからうかつに真似しないほうがいいものだが。

恥ずかしいメール

その後、美幸さんはテレビ業界人の彼と何度も会ってラブホテルに行った。会社員である美幸さんの仕事が終わってから待合せ、食事もそこそこにラブホテルへ入る。ときには、彼女がコンビニで缶コーヒーや弁当を買ってから待合せ場所へ行ったり、ラブホテルの中から出前を取ることもある。

ホテルに行く日も行かない日も、彼からたくさんの携帯メールが届く。もちろん美幸さんも返す。多い時は一晩に二十回もやりとりをしてきた。それはこんな風に。

Sub　背中が

ミユミユ、僕のかわいい美幸ちゃん。さっきは電話でごめんね、ミユミユは心配しなくていいんだよ。たっくん、ちょっと背中が痛かっただけなんだよーん

Sub RE:　背中が

たっくん大丈夫なの？　だって背中が痛いっていうからミユミユほんとうに心配したんだよ。背中が痛いって肺ガンじゃないの？　パイプがいけないのかなぁ？

Sub RE:RE:　背中が

なんか痛いと思ったら背中がすりむけてたんだよね。なんでってミユミユが上に乗ってシタときしかないんだよーん。ミユミユは色っぽいけど重いからさ

Sub RE:RE:RE:　背中が

ひどぉい、たっくん。ミユミユそんな太ってないもーんだ。ぷんぷん。たっくんだってミユミユの**F**カップの胸が好きだっていってくれたじゃないの

Sub RE:RE:RE:RE:　背中が

当然だよん。ミユミユの胸に顔をうずめたい。今度はさんでちょうだいよーん。色っぽいって言ってるじゃないの、怒ったミユミユもとっても可愛いね♡ちゅっ

――Sub RE:RE:RE:RE:RE: 背中が
そぉんなこと言ってもミユミユだまされないからね。ミユミユ、怒ってないもん。たっくん♡ちゅっちゅっ。いっぱいキスしたいなぁ。はさんであげますぅ

――Sub RE:RE:RE:RE:RE:RE: 背中が
よーし、負けないぞぉ。♡ミユミユ♡ちゅっ♡ミユミユの幼い顔と大きな胸のバランスがいいですな、日本の男の理想だよ。ほーら、もう濡れてきたでしょ

――Sub RE:RE:RE:RE:RE:RE:RE: 背中が
童顔だからっていじめないでー。でも、男の人は幼い顔って好きなんだよね。大きい胸も好きなんだよね、だから、たっくんのアレも⇩でしょ。アレに♡ちゅっ♡ですぅ

――Sub RE:RE:RE:RE:RE:RE:RE:RE: 背中が
アレってなに？ ミユミユ、言ってごらん。その可愛いお口でいってごらん

――Sub RE:RE:RE:RE:RE:RE:RE:RE:RE: 背中が
いやん。たっくんは意地悪ですぅ。ミユミユいっぱい恥ずかしい

――Sub RE:RE:RE:RE:RE:RE:RE:RE:RE:RE: 背中が
たっくんなだけに（勃っくーん！）なーんちゃって♡♡♡ミユミユに今すぐ⇩

ハイ、おしまい。みごとなオヤジギャグで終わり。たっくんは五十六歳。ミユミユは五十一歳。

あなたは今「こいつらバカじゃねえの？」と思いましたね。

しかし携帯メールに年齢はない。あなたの胸に手を当てて思い出してほしい、あなたも過去こんな携帯メールを送ったことはないか。あなたではない他の誰かがそのメールを見たら今のあなたと同じ気分を味わうのだと知っておいてほしい。私は仕事柄こんなメールを度々読んでいるから慣れているが、不倫カップルのメールは皆さん似たり寄ったりである（九九ページに特異なものはあるが）。

浮気をしているのが夫であっても妻であっても、社会的立場が、主婦でも会社員でも公務員でも、社長でも教授でも医者でも、子どもがいてもいなくても、浮気進行形の二人の間で交わされるメールは、こんなものだ。読んでいて恥ずかしいと少しでも思うのであれば、せめてあなたのメールボックスだけは空にしておいたほうがいい。

そもそも男が背中を丸めて携帯電話を操作するのは、けっしてカッコ良いものではないし、目の前に浮気相手ではない他の人がいる場合は失礼だ。

余談だが、勤務先の女性社員と不倫関係にあった別の男性は、この程度のおばかメールを後生大事にメールボックスに残しておいたばかりに会社役員を辞さなければならない事態に陥ったこともある。他人事ではないかもしれないとブルッたあなたは今すぐメールを消去しておくこと。それがたとえ愛の記念であったとしても削除する。その瞬間、全身全霊を込めて愛することができれば愛に記念など必要ない。

騙された

彼女が「テレビ業界人」であると信じている彼は、結婚しており子どもが三人いるという。互いが結婚しているダブル不倫だ。しかも彼は離婚をする気持ちはまったくないと最初のデートで美幸さんに伝えてもいる。最初のセックスの後ベッドの中で、美幸さんが、彼と一緒に暮したいと言ったときのことだ。

「美幸はね、うちの夫婦は二人とも正社員だし子どもがいないから、いつでも離婚できるよって言ったんだけど、たっくんの家は子どもが三人もいて奥さんは専業主婦で生活力がないから捨てるわけにいかないって言うの。優しい人でしょう」

その、優しいたっくんを、彼女はなぜ殺したいとまで思い詰めたのだろう。

原因は金銭絡み。優しいミユミユは、優しいたっくんから請われるままお金を貸していた。たっくんの三人の子どもたちは、長男と長女が海外へ留学しているためにお金が必要だからと、出会って二か月の間に合計二五〇万円ものお金を貸している。

　それが返ってこない。少し不安になって催促したら彼からの連絡がなくなった。

「だから、もう、殺してやりたいって思ったんです。私、だまされたんでしょうか」

「美幸さんの携帯電話から、今、彼の携帯につながりますか」

「つながらないんです。もう私からの連絡はできないんです。たっくんの住所も聞いていなかったことにも、この前はじめて気付いたくらいなんです。自宅は多摩のあたりとしか聞いていません。奥さんとはもう何年も前から家庭内別居だから、自宅に電話しても奥さんしか出ないからって携帯しか聞いていないんです。でも、つながらない」

　彼が彼の妻と家庭内別居であるかどうか、自宅が多摩か志摩かしらないが、最初に会ったとき、美幸さんは彼から名刺を受け取っているはずだ。その名刺を彼女から受取り、その場で私が電話をかけてみた。

　当然というべきか、現在使われておりません、の音声メッセージが流れるだけだ。名刺の住所は港区某所になっており、ありがちなカタカナ名称の株式会社。念のため、会社の所在地や取締役名、営業内容等を東京家族ラボ調査部で調べることはできますがどうしましょう、と美幸さんに言いかけてやめた。

名刺裏にある英文社名が「Corporation Eroero oreorE」となっていたからだ。もちろん名刺表に書かれた日本語の社名とは異なる。これは詐欺だ。民間の調査部で行うべきことではなく、警察へ被害届を出すべき話だろう。

美幸さんがお金を貸したのは、彼の長男長女が海外へ留学しているからとのことだったが、そもそも子どもの学費を浮気相手の女性に頼ることも奇妙だ。

「でもね、ご長男はカナダのモントリオール、ご長女はスイスのジュネーブへ留学していて、三人目のお子さんはアメリカのワシントンへ留学させるって言ってたし、将来は子どもたちと協力して新会社を設立するって夢を語っていたし、ご長男がいるカナダへ来月には行くから美幸も一緒に行こうって誘われていたんですよ」

なぜ丸々信じられるのだろう。本当に子ども二人を海外留学させているのであれば、彼はかなりの金持ちだ。なにも彼女から二五〇万円のお金を借りる必要などあるわけもない。そもそも留学話すらまゆつばだ。息子がカナダで娘がスイスというのはなんともアンビリーバブルな留学チョイスである。

荒唐無稽な話であっても、すとんと信じる。それが恋する心だと言われればそれまでだが、この場合はそれほど呑気に構えている場合ではない。

彼女に警察へ被害届を出す気持ちはあるだろうか。弁護士に法的側面を相談するようアドバイスしたが、弁護士のところへは行きたくないという。

「夫にバレたら困りますもん。私は、美幸は、一度だけ狂おしいほどの恋がしたかっただけで、詐欺にあったなんて夫に分かったら困ります。それに、二五〇万円だけだから、夫に黙っていればお金がなくなったこともばれませんから」

たぶん彼は手慣れた詐欺師である。相手の懐具合を確かめながら可能な範囲の金を引き出したらいなくなる典型的なパターンだ。詐欺の被害届が出されないまま、ハンチングにパイプをくわえた怪しい男をのさばらせておくのは残念だが、彼女が警察へも弁護士のところへも行きたがらないのではしかたがない。

しかし、今後も「狂おしいほどの恋」に対するやみくもな憧れを抱き続けることによって、彼女がまた同様の被害にあう恐れがある。そうならないために、人を愛するとはどういうことか彼女には今から時間をかけて理解してもらう心理カウンセリングを重ねていくことが必要だ。これは彼女が行いたいかどうかではなく、行う必要のあることだ。

CASE｜ケース7

夫の秘密

クライアント　英美さん（四十三歳）

基本的に私は浮気には反対だ。浮気によっておこるであろう結果に対してきちんと責任を取ることができない人は浮気をする資格はない。男性であっても女性であっても、その配偶者や子どもたちに浮気がばれたときには、本人だけでなく浮気相手の家庭をも崩壊させかねない。浮気相手が独身であれ既婚であれ、こちらが家庭を持っていることで厄介な問題に発展することもある。しかし、ときに、妻の浮気を責めるわけにはいかない場合もある。それが夫婦をつなぎ止め家庭を守る方法であるときにかぎるが。

衝撃の携帯電話

「夫とはもう十五年間もセックスがないんです。二人目の子どもを産んだ後から一度も夫婦でセックスをしてないんです。私は女として寂しすぎます、もう離婚するしかないんでしょうか。私は別れたいと思っているわけではないんですけど」

四十三歳の英美さんはうつむいたまま語る。セックスが絡む相談の場合は、離婚に関わる内容に終始するのではなく、精神的あるいは肉体的な「治療」を視野に入れなければならない。治療を要する場合は妻の意思を確かめたうえで、専門医等の紹介も考えるため、通常の相談とは異なる視点をもって耳を傾ける。

「こんなことを初めてお目にかかる池内さんに言うのは恥ずかしいんですが、私だってセックスをしたかった。でも、どうしてこんなことになったのか。いいえ、理由は分かっています。でも、地元では誰にも相談できなかったんです。ああ、恥ずかしい」

英美さんは、私と同い年で、しかも同郷の岡山であるということを頼りに東京まで相談に来所することを決めたという。同郷といっても、県北と県南では、まったく接点はない。そのあたりも相談にあたっての安心材料だったのだろう。

「英美さんのご主人は、十五年間セックスがなくて何もおっしゃらないんですか」

「じつは、あの人には恋人がいるんです。何人もいるんです、ショックでした」

「それはショックですよね。恋人がいることはどのようにして分かったんですか」

「お恥ずかしいことなんですが、三か月前、偶然ですが夫の携帯電話を盗み見たんです。

そうしたら、メールや画像のやりとりがあって……。ああ、ダメです、言えません」

「急がなくて大丈夫ですよ。落ち着いてお話しくださいね。この相談室には、私が呼ばない限り誰も入ってきませんから誰にも聞こえません、大丈夫ですよ」

「ええ、はい。いえ、でも……、ああ、私はどうしたらいいんでしょう」

四歳年上の建築士の夫とは、見合い結婚だった。少しファザコン気味だと自覚している英美さんが選んだ男性は、父親と雰囲気が似ている。英美さんが二十四歳のときに結婚、その後すぐ長男が産まれ、三年後に長女を出産している。二人とも健やかに育っているという。しかし妊娠のためのセックスであり、その後ずっとセックスレス。

彼女から夫を誘ってみたことはないのだろうか。

「夫は、結婚当初からセックスに淡泊な人だとは思っていましたが、仕事のストレスも大きいのだろうと遠慮していたんです、ずっと。夫婦って家族だからこんなものかしらとも思っていました。でも、もう、ダメです。お恥ずかしいのですが、このメールを見てください。夫の携帯から私の携帯に転送したものです」

英美さんが差し出した携帯電話の画像を見たが、一瞬なんのことか分からなかった。

いや、画像は理解したのだが、その意味を瞬時に理解できなかったのである。

勃起した男性器がアップで写されている。

男性器の写真の下に「僕のはこんなです。気に入ってもらえるかな」とある。

次のメールを見ると、また、勃起した男性器のアップ画像と「僕はバックが好き」

さらに次のメールでも、勃起した男性器の画像の下に「早く会いたいね。今度は出張名目で泊まることができますから、一晩中たっぷり楽しみましょう。楽しみ♪」

次のメールに写る男性は目隠しで、裸に亀甲縛りに縄をかけて、もちろんメッセージも添えてある。「僕は縛りも上手ですよ、あなたに教えてあげたい、あはん♡」

さらに、さらに、さらに、同様のメールが次々と現れる。

夫は同性愛者

全部で二十通はあっただろうか。画像の添付がなければ一般的な（女性を相手とする）浮気メールだと受け取ることができるが、画像はすべて勃起した男性器である。写し方はアップだったりロングだったり、暗かったり明るかったり、目隠しもせず顔が写っているものや、縄で縛った全身を写したものや、尻と肛門のアップもあるし、胸毛や髭自慢もあり、それぞれに別の男性のものだ。

日々行うリアルな相談の中で、さまざまな話を聞いている私は、少々のことでは驚くこともないため表情を変えたりはしないが、ちょっとだけ困った。

同性愛者のメールは、異性のそれよりもさらにストレートなものが多い。

「えーっと、……そういうことなんですか？」

「そうなんです、そういうことなんです。夫が浮気している相手は男性で、しかも相手はたくさん。研究会があるからと出張する度にいろいろな地方で会っています」

「いろいろな地方で会っている。それで離婚を考えていらっしゃるんですか」

「いいえ、いいえ。困っているんですけど、でも、本当は離婚なんてしたくないんです。夫は、人間としてはいい人なんです。夫のことを人間的に好きだし子どもも尊敬しています。でも、男の人が好きな男性は、女とはセックスができないんですよね。それが寂しいんです。私だって、男性とセックスしたいと思ったんです」

英美さんの夫は、一級建築士として事務所を持ち、個人の一戸建てから公共の建物まで手がけており地域の信頼を得ている。仕事は真面目に行うし、むだ遣いもない。英美さんも、知人から紹介を受けて施主を見つけてくるなど夫の仕事に協力することもある。近くに住む夫の両親との仲も良い。嫁姑関係も良く、一緒に買い物に行くときは、姑が英美さんや子どもたちの洋服を買ってくれたり、月数回は夕食をともにすることもあり、本当の母娘のようにつきあってきた。

家庭での夫は、知的で穏やか。妻である英美さんにも優しい言葉をかけ、台所仕事を手伝ってくれることもある。父親として、高校生の息子や娘との会話も多い。来年の春から東京の大学に通う長男の学校選びも、長男が父親と相談して決めたものだ。東京での下宿先も、いずれ父親が同行して選ぶことになっている。息子も将来建築家になって父親の事務所を継ぎたいという夢さえ持っている。

十五年もの間セックスレスであることと夫が同性愛者であることを除けば、本当に理想的な家庭だったんです、と英美さんはぽろぽろと大粒の涙を落とした。

「英美さんのご長男とご長女は、このことをご存知ですか？」

「いいえ、いいえ。こんなこと恥ずかしくて言うことができません。子どもたちは気づいていませんし、絶対に言わないでおきます。姑にも一切なにも話していません」

「そうですか。おっしゃらなかったのは偉かったね。でも、苦しかったでしょうね」

英美さんは、声をあげてしばらくの間泣き続けた。

画像メールの存在に気づき、一人きりで三か月も悩んだ後に相談予約を入れた彼女は一体どんな気持ちで過ごしてきたのだろう。夫にも子どもにも姑にも気づかれないよう、いつもの母であり、いつもの妻、いつもの嫁であるのは苦痛だっただろう。毎日変わらず食事を作り、子どもたちを学校へ送り出し、夫を送り出したその後の時間をどんな風に過ごしてきたのか。今日、東京までの新幹線の車中では、どれほど重く情けない気持ちを抱えてきたことだろう。英美さんが、ハンカチを握りしめて言う。

「でも、こんな夫とセックスはできないんですよね。でも、夫がこんなことをしていると知ってから、逆に、なんだか、私はどうしてもセックスがしたくなって……。いいえ、セックスというものではないかもしれません。私だって、男性に抱きしめられたかっただけなんです。だから、あやまちを犯してしまいました」

顔を伏せたまま涙を拭きながら言い、その後は沈黙している。

「英美さんに、好きな男性ができたんですか？」

「いいえ、好きではありません。ただ、セックスをしてみたかったんだと思います」

彼女が言うあやまちは、大学の同窓会で起こった。英美さんはそれまで子育てにも忙しく出席したことはなかったのだが、一か月前、気晴らしの意味もあって同窓会に出席してみた。ゼミの仲間に会い、まるで学生時代に戻ったかのような時間を過ごすことができた。その席で英美さんは一人の男性から声をかけられた。

「お、石川じゃないか。元気でやってる？」

大学時代ほんの少しの間つき合っていたが、その後彼の浮気が原因でケンカ別れした野口君だった。旧姓で呼ばれただけ、ただそれだけのことだが、彼女の心の中では二十年以上もの時間が一瞬にして巻き戻されたという。

同窓会がいつ終わったのかさえ覚えていない。気づくとシティホテルの一室にいた。キスが気持ち良かったことをはっきりと覚えている。何度も何度も唇を重ねて吸いあい、舌を吸い歯をかみ、歯茎を舐められる。もちろんセックスもしたのだが、英美さんは、彼の唇の感触だけをリアルに記憶しているという。

「私がしたかったのはセックスじゃなくて、キスだったのかもしれません」

そうなのか。それほどまでに気持ちいいキスって、いいなぁ。

「その時の彼、野口君と今でも会うことはありますか」

「いいえ会いません。……いいえ、本当は、会いました。あれから三度も会ってしまいました。でも、もう会いません。キスをして気持ち良くて、女を取り戻すことができた気持ちだけでもうじゅうぶんですから、もう二度と会うことはないと思います」

彼も結婚しており、中学生と小学生の子どもがいる。穏やかな家庭の父親であり、妻との関係もいい、離婚など考えたこともないという。

「それはそれでよかったんじゃないですか。彼の家庭がどうかは関係ないと思います。それよりも、英美さんの人生が大切でしょう。あなたの夫が、夫として、父として、あるいはお姑様の息子として信頼できるのであれば、男性性のすべてを彼に求めなきゃいけないわけじゃないと私は思います。一時的に性的な気分を他の男性で補ったからといって、それほど責められるものでもないでしょう。だって辛かったんだよね」

その言葉を聞いて、英美さんの顔がぱあっと明るくなる。

「そう、辛かったんです。でも、いけないことだって叱られるかと思って言うのが怖かった。実家の母に言ったら絶対に叱られます、それはそれはひどく罵られて、汚い目で見られて、私は娘としても母としても軽蔑されるかもしれません」

「大丈夫ですよ、英美さんのお母様は岡山でしょう。この場所にはお母様はいらっしゃいませんから、あなたが思うとおりにおっしゃっても誰も叱ったりしません」

「そんなこと言っちゃいけないかと思って。実家の母に叱られるのも恐かったし」

もちろん彼女の母親に一連のことを伝える必要などない。しかし、それほどまでに叱られることを恐れる母親と彼女の関係については、後日彼女が望んだときに心理カウンセリングを行うほうがいいが、今ことさら深く掘り下げることはしない。それ以上に大切なことは、彼女が心地よい体験をしたことを夫にも子どもにも伝えないでいられるかどうかだ。このことはきちんと彼女の秘密として守られるよう約束をとりつける。彼との唇の思い出は英美さんの心の中に一生とどめおいてほしい。

多くの男性にとってセックスは、ペッティングや性器の挿入と射精であると思い込まれているふしがあるが、女性にとっては必ずしも性交ばかりとはかぎらない。英美さんのような濃厚なキスだけでなく、軽く唇が触れるだけの小鳥キスや、指先の触れあいだけでもセックスとして成立するし、フィジカルなものだけでなく、温かい気持ちの流れや会話といったメンタルなものを大切にする女性も多い。

同性愛者の悩み

英美さんの夫に少し気持ちを向けてみよう。彼は、現在多くの男性と奔放にセックスを楽しんでいるかに思えるが、それ以前の時期には、同性を愛する自分自身を受け入れるために相当苦しい思いをしてきただろう。それを隠して、いわゆる一般的な結婚をし、子をなしたときにも相応の覚悟や思いがあったのではないかと推察できる。

二〇〇四年アテネ・オリンピック開幕の日、アメリカ・ニュージャージー州では、民主党ジム・マグリビー知事がバイセクシュアルであることを突然告白し、知事辞意の表明をする。共和党は、「即時辞任、そして真相究明」を求めた。知事には妻子があり、かつ同性愛者として男性と交際していたことで、倫理的に公職に耐えられないという理由からの辞意表明だったが、アメリカ社会の中にあっても同性愛者の扱いはこれである。日本に暮らす彼らはさぞ生きづらかったことだろう。日本では、性同一性障害者の戸籍の性別変更が認められる新法が二〇〇四年七月に施行されたばかりだ。

しかしどれほど夫が生きづらかったとしても、結婚生活の中で配偶者が同性愛者であると知らされていなかった英美さんが受けた混乱の大きさに変わりはない。

異性との結婚

一人の女性が結婚に至るまでのプロセスを説明しておこう。女性は生まれてしばらくの期間を胸に抱いてくれる「母親」という存在を、肌が触れることの安心感と母乳からの満足とともに愛する。しかし女という性を持って生まれた子どもは、母親という同性と結婚することは許されないために、愛する対象を父親に変えていく。もちろん、これら気持ちの流れは無意識下で行われることだ。

幼い娘から「大きくなったらパパと結婚したい」と言われて喜ぶ父親は多いが、そのかわいい言葉の前段には、「私は同性であるママとは結婚できないからね」という、隠された気持ちがある。しかし、問題はまだ解決しない。父親が結婚相手では近親姦の禁忌に触れる。したがって、愛情の対象をさらに他の男性へと移さなければならない。成長過程において、家族ではない異性を愛する対象とするまでに、女性の心は、さまざまなタブーを避けて二転三転するのである。

母親と父親のもとで育てられた女性がこのような二転三転を経て、一人の男性を愛情の対象として選び、世間でいうノーマルな恋愛を行い、結婚という安定した制度の中に居場所を得るのである。無意識のうちにも努力して対象を自らの中で変更しながら選んだ夫である男性が同性愛者だと知ったときの妻のショックははかり知れない。これまでの自分の二転三転は何だったのか。さらに同性愛についての知識や理解がない場合には、妻自身のアイデンティティも揺らぎかねない。

CASE　ケース8

初恋に憧れる

クライアント　知子さん（五十七歳）

日本は未曾有の韓流ブームを迎えている。火付け役はドラマ『冬のソナタ』。サントラ盤までテレビドラマ史上初のミリオンセラーに。その経済効果は一二三〇億円とも言われている。ドラマの韓国ロケ地を観光するパックツアーにも多くの女性が大挙した。主演俳優ペ・ヨンジュンは日本女性ファンから「ヨン様」と崇拝される。この崇拝の根っこにあるものは初恋の気分であり「ときめき症候群」である。

ヨン様に夢中

「私はもう、ヨン様がいないと、生きていくことができなくなりました」

相談室に座る女性は、頬を少し赤らめ、「ヨン様」こと、韓国人俳優ペ・ヨンジュンが出演するドラマのストーリーをとうとうと語りはじめた。これがとにかく長い。

「はじめてヨン様に会ったのは、もちろん『冬のソナタ』です。ヨン様が高校生のときにユジンという初恋の女性と出会ったんです。でも、不幸な事故でヨン様は記憶を失って、十年後に二人が再会したときにはヨン様は違う名前を名乗っていたんです。ああ、なんてことでしょう、そのときユジンは他の男性と婚約していたんですよ！」

ドラマの聞き手である私は気をつけなければならない。間違っても次のような突っ込みを入れないよう気をつけなければ、彼女を深く傷つけてしまう。

「ちょっと待ってください。あなたはヨン様に会ったことはないでしょう。さらに、役名と俳優名が混乱していますね。劇中で彼はヨン様ではなく、チュンサンという役名でしたね。ユジンはヒロインの役名で、人気女優チェ・ジウのことですね」

じつは、ヨン様フリークからの相談は、二〇〇三年末からはじまっている。『冬ソナ』NHK地上波での放送開始は二〇〇四年四月。その後、世間に韓流《ハンリュウ》ブームが起こったのだが、それ以前から熟年妻たちは反応していたのである。彼女たちがトレンディ層であり、その後に続く三十〜四十代の女性たちはフォロワー。

私の目の前に座っている女性は冬ソナ・トレンディ層、五十七歳の知子さんだが、それ以前にも六十〜七十代の多くの女性から同様の話を聞いているため、ドラマを見ないうちから、ストーリーを覚えてしまったほどだ。熟年の妻たちは、まるで初恋のやり直しのように自身を投影してドラマを繰り返し見ている。

相談時間に彼女たちはひたすら語る。彼女たちが気のすむまで語り終えるのを待たないことには、本来の相談内容すら見つけられないのが毎度のことである。この流れにも、すっかり慣れてしまった。ときには初回相談をドラマのストーリーテラーとして終え、そのことにすっかり満足して帰る女性もいるほどだ。

「眼鏡の奥のヨン様のおめめは、左眼が少ぉしだけ下がっていらっしゃるのよ。素敵でしょ。繊細だけど身長は一八〇センチ以上もあって、がっしりしていらっしゃるのよ」

「ヨン様の笑顔がたまらなく愛らしいでしょう、あれほど温かい笑顔の男性を私は見たことがありません。日本の男性では温かい笑顔は無理だわぁ。ヨン様の唇は、うす紫のピンク色でぷうっくらとしていらっしゃるのよ。うふふ」

彼女たちは、そんなヨン様が大好きである。

「ナミソムって二人のはじめてのデートの場所なの。メタセコイアの並木が枯れ葉を落としていたんですのよ。ヨン様がその手に細やかな雪を取り、彼女と投げ合いながら二人の距離を縮めていった場所なの、二人の大切な思い出の場所なんですよ」

彼女が語る「彼女」とはもちろん劇中ヒロインのことだが、まるでヨン様と自分自身の思い出に浸るかのようにうっとりと瞳をうるませて語り続ける。

「はじめてのデートのカフェも訪ねて来ました。ヨン様のサインがあったので、私ったらすーっとお手々を伸ばしてそっと触ってしまいました。いやん、どうしましょう」

いや、どうしたもんだかと思っているのは私のほうだが。

相談来所した彼女は、自宅では毎日、リビングにある大画面テレビで『冬のソナタ』のＶＴＲを一日中かけっぱなしにしていたという。ちなみにこの大画面テレビも彼女の意志で購入を決めている。ＤＶＤが発売されてからはＤＶＤデッキも買った。

「だってね、大きなテレビだと、大きいヨン様に会えるんですもの。素敵でしょ」

朝起きてまずテレビのスイッチを入れオープニングテーマを聞きながら朝食を作る。朝食ができあがると、ドラマを好まない夫のために音量を絞ってから寝室へ夫を起こしに行く。昨年、勤務していた企業を定年退職した夫は、近くにある高速道路の駐車場整理と掃除の仕事をはじめたため、車で出かける。夫が出かけた後、彼女は再度ボリュームを上げてヨン様の世界に浸るのである。「一話」見終えて掃除機をかける。何度繰り返し見たか本人も覚えていない。掃除機をかけている間は画面を見ることができないため、『冬のソナタ』CDを、掃除機の音に負けないほどの大音量でかけておくと、どこにいてもヨン様の声が聞こえる気がして幸せに包まれるという。

知子さんは、ほおづえをついて、あごを少しあげ、私のほうを見たり、右斜め上と左斜め上に交互に目を泳がせながら、うっとりした表情でひとり語りを続ける。

「初恋といえば白ですよね。ヨン様は白いセーターがとってもよくお似合いになるの。それでね、好きとか愛しているとか、はっきり言えばいいのに、おっしゃらないのよ。いやん、じれったいでしょ。でも、初恋ってそういうものですよね、ほんとうに。ヨン様がうつむき加減にコートのボタンをかけてくれたりするんです、いやん。マフラーを巻きながら優しく話しかけてくれるんですよ。やたらにキスなんてしないの。言葉で語らないで瞳で語りかけてくれるんです。いやん、ああ、恥ずかしいわ」

いやいや、聞いているほうもじゅうぶん恥ずかしい。私は、空想の中でロマンティック・ラブを楽しんでいる五十七歳の女性に対して「年がいもない」と叱りつけたりはしない。できれば彼女のテンションにあわせて同じ世界へ入っていこうと心がけるのだが、なかなかうまくいかない。それは、たびたび発せられる、彼女の「いやん」という声が相談室の外や隣室に漏れ聞こえ、他のカウンセラーが行う心理カウンセリングの妨げになってはいないかと、少しだけひやひやするからかもしれない。

ドラマは、日本のひと昔前の少女漫画のストーリーよろしく、全編、ロマンティックてんこ盛り。しかもよく泣く。男も女もはらはらと涙を流すのである。相談に来る彼女たちの心情を知りたいと思いドラマを通して観て一番驚いたのは、ペ・ヨンジュンの黒髪「高校生」姿。撮影当時すでに三十歳であったことを考えると、みごとなものだった。

初恋なんです

純愛を貫き変わらぬ愛を誓うドラマを、夫がまるで毛虫のごとく嫌うため、彼女は夫との離婚を考えはじめた。あ、ようやく相談がはじまったようだ。

「夫はね、ドラマを見ている私のことを気持ち悪いって言うんですよ。失礼でしょう。私は家事だってちゃんとしていますし、夫がいない間くらい自由にヨン様に会ってもいいじゃありませんか。私だって、あと四十年若かったらヨン様と初恋をしたかったわ。私だって高校生の頃は可愛くて、でも、私たちの頃は恋愛なんてしませんでしたから、お見合いをして今の夫と一緒になっただけです。子どもたちも独立しましたし、これからは私も生きなおしたいと思うんですの。それでね、ヨン様と初恋をするのよ」

話が交錯しているが、彼女はいっこうに構う気配はない。前世紀のことを語っているのか二十一世紀を語っているのか。恋に恋する乙女心が悪いとは思わないし、しかもドラマであれば実害はないだろう。ただ、彼女が語っているのは、ドラマではなく実は彼女自身の過ぎ去った青春である。彼女が大切にしている乙女心を否定してはならない。

なぜここで彼女が離婚まで考えるのか、常識人である読者にはおわかりにならないかもしれない。私も初めのうちは理解できなかった。しかし、丁寧に掘り下げていくうちに彼女の思考回路を説明できるようになった。あえて単純化して示すとこうなる。

ときめきのない結婚生活→ヨン様にときめく→これが本当の初恋→今までは嘘の生活→本当の私を取り戻さねば→嘘の生活を捨てねば→離婚→そして初恋へ！

単純化してみたって、これでもまだ分かりにくいが。

私は、離婚を望む彼女を、やんわりと制した。

あなたが離婚しなくてもヨン様は逃げたりしないし、離婚しないからこそヨン様とのお時間を大切にできるでしょうと、これでもかというほどに優しい声で説いた。

（次にはちょっとヨン様風味でサービス）もしも離婚したらあなたは働かなければならないんだよ、そうすると、僕との大切な時間をどこかのパートタイム勤務で過ごさなければならなくなる、あなたはそれに耐えられるでしょうか？

「冗談じゃありません。そんなの耐えられません。はじめに申し上げたように、私はもう、ヨン様なしでは生きていくことができないんですから、仕事をしなければならないのは困りますわよ。私にはヨン様と二人きりの時間がないと生きていけません」

そうですよね、だからこそ、僕との時間を大切にしてほしいんだ、あなたは分かってくれるよね（まだヨン様気分）。あなたの夫が嫌がるなら、なにも彼に僕の良さを分かってもらわなくてもいいんだよ。あなたの大切な僕と、僕の大切なあなた。彼がいない間にゆっくりと時間を共有しましょうね。（以上でヨン様モード終了）

「そうだわ、ヨン様のおっしゃる通りですわ。夫なんかにヨン様を見つめてもらいたくありません。分かりましたわ。夫には秘密で、私たち二人だけでお時間を共有するほうが素敵だわ。うふふ、秘・め・た・恋って素敵ですものね」

彼女の場合、病的な妄想の域にまでは達していないため、当面の措置としては以上でいいだろう。が、まだ続きがある。彼女が左手小指にシルバーのリングをしていたのを私が見つけて、つい声をかけてしまったからだ。

「あなたの小指になさっているリングは、ヨン様の（正確に言えばドラマの中で主人公チュンサンが左手小指につけていたシルバーの）リングとおそろいですか」

「似ている指輪を一生懸命探したんですよ。分かってくださって嬉しいわ」

しまった。後悔しても遅いが、よけいな声かけをしたばかりに私までもヨン様ファンであると思われてしまった。まぁ、相談者が喜んでくれたから良しとしよう。

念のために申し上げておくが、私はペ・ヨンジュンのファンなどではない。彼の魅力とやらをうまく受け取ることができず、瑞々しい笑顔は気色悪いと感じる。ただ、あまりにも似たような相談で来所する女性が多いため、いくらかは知っておかなければ失礼だろうと勉強のためにドラマを観て、その魅力がどこにあるのか探してみただけである。

記念すべき『冬のソナタ』第一話のなかで、ペ・ヨンジュンに恋をするが相手にされない女性が、象徴的なセリフをつぶやいていた。

「男は三つそろってなきゃいけないよ。『知性』『野性』そして『感性』！」

どうやらヨン様には、伝わる人にだけ伝わる感性があるようだ。

彼女はその後も定期的に『冬のソナタ』におけるヨン様の魅力を語りに来ている。月に一度、繰り返しほぼ同じ話を語り、私がうなずいて聞いてさしあげるだけで乙女心は満足し、帰っていく。いつも頬を上気させて語ってくれるのである。

「ヨン様の映画『スキャンダル』は、賛否両論分かれているようですが、私にとっては映画も素敵。ヨン様の腰づかいまで見ることができるなんて、もう、恥ずかしくって嬉しくって。もちろん一万四七〇〇円の写真集も買いましたわ。家宝です」

ファンが延々とスターについて語るだけだとは、何をつまらないことに時間を割いているんだと笑われる方もあるかもしれないが、彼女が熱くヨン様を語るのに丁寧に耳を傾けることが、この場合の「相談を受ける」姿勢である。その時間を持つことによって、結果的に彼女が当初望んで相談に来所した熟年離婚をとめることができるのであれば、私は喜んで受け入れよう。熟年離婚なんて、妻たちが憧れを持って望むほどロマンティックなものではない。ヨン様に憧れているほうがよほど平和なことだ。

多くの日本女性が『冬のソナタ』だけでなく、韓国ドラマに見る初恋・純愛に憧れている。もちろん若い世代の女性ファンもいるが、日本でビッグヒットになった火付け役は、間違いなく熟年あるいは老齢と呼ばれる層の女性たちであった。せつなくて、胸がきゅんとなるんです、と恥じらい頬をぽっと赤らめる七十代の女性もいる。と、ここまで書いてふと思い出したが私の母親は七十四歳。彼女はどう思っているのか、ちょっと電話をかけて尋ねてみると、

「ヨン様？　もちろん観てるわよ。寝るのが早いからビデオに録ろうとしたけど、私機械に弱いでしょ。困ってたら近所の電気屋さんが毎回ビデオに録って持ってきてくれるの。やっぱりナショナルは親切ね」

母よ、あなたもか。念のためにいえば私の母親は地元で塾を経営していた働き者の女性であり田舎町をがんがん音を立てるように仕切ってきたはずなのだが。嗚呼。

韓国人男性の魅力とは

男性だって、まったく女はろくでもないものに憧れる、ドラマや映画の主人公にそれほどまで入れ込むのはどうかしているとあざ笑うことはできない。かつて日本の男たちは、漫画『あしたのジョー』の中で、ジョーのライバル力石徹が亡くなったときに、リアル社会で「葬式」までも執り行い、多くの男たちが、熱く熱く涙したではないか。その熱と類似したものだと受け止め、温かい目で見守ってあげてほしい。

いやまてよ、そんな呑気なものだろうか。この「韓流」ブームにルビをふらなくても「ハンリュウ」と多くの人が読むことができるほどになったのは、なにもヨン様だけのおかげではないだろう。これは確かめなければならないと、季節を変えて四度、韓国を訪れてみた。そして分かったことがある。

ヨン様はあくまでも象徴なのである。

三八六世代と呼ばれる韓国の今後をリードする男性たちと話した。ある青年社長は韓国語ができない私に英語で話しかけてくれた。そして堂々と「あなたは美人ですね」と言う。ついうっかりぽーっとなってしまった。

いわゆる一般庶民に目を移そう。大学院生と、就職したばかりの男の子いずれも二十五歳前後の男の子たちと話したときに気づいたことがある。それが、スターを含む韓国男性の魅力のもとだと確信した。

話していた内容はたわいもない。しかし、絶対的な確信を得たのはそのときであった。チューブの前田亘輝に似た二十五歳の男の子が何か短い言葉を発し、言葉とともに胸に左手を当てて左斜め前方へ首を傾け体を少し倒した。はにかむような笑顔で。

な、なんだこれは。めちゃめちゃキュートだぞ。通訳女性に向かって私は思わず大きな声で尋ねた。彼の言葉は何か、あの可愛いしぐさは何だと息せきって尋ねた。

「彼は今『うーん』と言いました。あなたの質問に少し困った『うーん』ですね。でもあなたが年上だから礼儀をもって答えなければなりません。彼は少し困った気持ちでいますが、あなたは年上なので丁寧にしますという意味で胸に手をやりました」

へ？　それだけ？

ようするに私は、儒教社会で育ち教育された彼らの「礼儀」と「丁寧」に対してうっかりときめいてしまったのだ。勘違いもはなはだしいが、一瞬マダムになってその青年を囲いかねない気分になったのである。危ない、危ない。

日本女性の中でも熟年が大挙して韓国にやってくる理由は、年上であればあるほど大切にされる文化だからだ。日本ではオバサンはオバサンであることによって疎まれ、ときにはババア扱いされかねないが、韓国ではオバサンがオバサンであるほど大切に扱われる。

熟年女性が母親であれば、さらに「よし」とされ敬われる。

私には娘が一人いると言うと、「オモニ（母親）」は絶対不可侵のものだと、彼らは真面目な顔をして言う。まるで赤ちゃんの時に母親を愛したそのままの瞳で見つめる。それは娘を持つ私を通して自分たちの母親に視線を注いでいるのだ。この眼差しに、日本の「母親」たちがいかれるのも無理はない。日本では、あれほどまっすぐに母親を肯定してくれる人（社会）はない。

もっとも、それはあくまでも異文化である日本人にだから通用する魅力なのかもしれない。何せ、この数年で韓国の離婚率は急上昇している。あるデータでは二組に一組が離婚しているというからもの凄い（まあそれはどうもかなりいい加減な調査で、本国内でも異論が出ているそうだが、離婚率が高いのは事実である）。

ＯＥＣＤ加盟三十カ国のうち、韓国の離婚率は米国に次いで第二位にまで上昇している。そのため「離婚熟慮期間」を法律で制定までした（朝鮮日報、二〇〇四年十二月二十九日付）。夫婦二人ともが離婚に合意しても、三〜六か月は正式離婚を認めない猶予期間を強制的に設けて、「本当にいいの？　頭を冷やしなさい」と考えさせるという新法である。どんなにときめいた末の結婚もかなりの確率で終わりを迎えるというのはヨン様の国でも変わらない。いや、日本よりもその確率は高いのである。

もちろん、こんなデータは、ヨン様ファンには余計なお世話だろう。二〇〇四年、下着メーカーのトリンプ主催「インナーウェアにまつわる川柳」の入選作。

『冬ソナを　勝負下着で　見てる母』

この句を見つけたとき膝を打った。誇張でも冗談でもなく、この川柳が彼女たちの心を見事に映している。詠んだのは彼女の娘だ。母親の勝負下着は切ない。

CASE｜ケース9

先生の勘違い

クライアント　則子さん（二十九歳）

ダブル不倫とは、それぞれに家庭を持つ男女が浮気をすることだ。接点は職場が多く、相手の上司や部下とスケジュールを合わせて海外出張を組んだのはバブル華やかなりし頃の話。不況が長引く昨今、企業の経費デートは減少し、発覚すればリストラ対象となりかねないため、最近はすっかり影をひそめた。現在ダブル不倫のベースとなる「職場」は、リストラや倒産はどこ吹く風の公立学校や市区町村役場。地方公務員同士の浮気もあれば、教師と生徒の保護者もある。これもやはり教育の荒廃と呼ぶべきか。

何のアドバイスだ

「私は仕事を続けたいし、彼も子どもたちの教育を行う現場から離れたくないんです。でも、このままだと二人とも教師を続けるのが難しくなるかもしれません」

相談来所した女性は花田則子さん、二十九歳。既婚の公立小学校教諭である。子どもはいないが、将来は夫の子どもではなく彼の子どもを産みたいという。

彼とは浮気相手のことだ。相手の男性も同じ公立小学校の男性教諭、三十一歳。

「谷本先生は……あ、谷本先生っていうのは、彼のことなんですが、私たちはお互いに『谷本先生』『花田先生』と呼び合っているので、そのままでいいですか」

「呼びかたは何でも構いませんよ。お話ししやすいようにおっしゃってくださいね」

小学校や中学校で教鞭を執る人は、日常の中でも「先生」から抜けることができない人が多いのか、相談に来所したときも、こちらから話しかける際、名字の下に先生とつけて声かけしなければピンとこない人もある。

「では、続けます。私がつきあっている谷本先生は、とても教育熱心で、子どもたちにもとても人気のある先生なんです。六年生を受け持っています。私は四年生を受け持っています。去年は二人とも五年生の受け持ちでしたが、私たちがつきあっていることが夫に分かったため、今年は同学年の担任を外されたんです」

花田先生は、昨年から、同じ学年で別クラスを担任する谷本先生に、授業の進めかたや生徒の心理について、おもに放課後の時間を使っていろいろ質問していた。受け持った学年が小学五年生という、思春期の入り口に立つ難しい年齢の子どもたちだから、深く理解したいと思ってのことだったという。

「地方の公立ですから私立中学の受験問題はほとんどありません。でも、教育県なので、保護者からの突き上げも厳しくて、まだ若い私はなかなか思うように保護者の期待に添うことができないでいました。小学校は、担任がほぼ全教科を教えなければなりませんから大変なんです。しかも、女子は初潮を迎える子が多く、男子のことは私はよく分からないので、谷本先生を頼っていました。一般的にはこういうのをスーパーバイザーと呼ぶのでしょうか、私的な指導教官として頼っているうちに、その……、そういうことになって肉体関係ができました。でも、とても真面目におつきあいしています」

彼女がいうスーパーバイザーとは、マーケティングにおけるマネジメントを行う人のことでもなければ、統括店舗のエリアマネジャーのことでもない。彼女に教師としての方向を確かめながら指導する先輩とでも表現すればよいだろうか。

ご相談を受ける立場にある私にも、もちろんスーパーバイザーの存在はある。ただ、私の場合は、それまで日本に存在していなかった離婚メディエーターという説明しづらい仕事だ。夫婦問題コンサルタントとでも呼べばいいのだろうか、いまだに一般的な呼称を見つけられないでいる。そんな新しいメディエーターという役割をいきなり自分で作ったものだから、誰か一人（一種類）のスーパーバイズでは不足であったため、精神科医、臨床心理士、心理カウンセラー、弁護士、法学者、社会学者といった各方面の専門家を継続して必要としてきたし、今後も必要である。彼らには、ご相談の中で私自身が行った判断やアドバイスが間違ってはいないか、必要であれば個人情報を伏せたうえで相談のプロセスを振り返って確認し、各方面から指導を受けている。

多くの心理カウンセラーもスーパーバイザーを持ちながら経験を重ねていくものだ。

しかし、セックスまでスーパーバイズしてもらうなど聞いたこともない。

「教職にあるものがふしだらな、と池内先生は思っていらっしゃいますね」

「いいえ。教師であっても会社員であっても主婦であっても社長であっても、それぞれに守るものがあるのは同じです。どうぞ、お話を続けてください」

「私たちは真面目におつきあいしています。ただ、谷本先生のお宅はまだ幼いお子さんがいるので、予定では二人とも五年以内に離婚し、そして、再婚するつもりでした」

ところが昨年七月、まだつきあいはじめて日も浅いころ、彼女の夫に浮気がばれたのだという。夜半、夫が眠ったと思い、携帯電話で谷本先生と話していた内容を聞かれて、気付かれた。夫は会社員だ。はじめは、生徒の保護者からの緊急電話かと思ったが、少し甘えた話し方や、もれ聞こえる内容から気付かれたのである。

「相手は誰だ！と、それはひどく怒鳴りつけられ、殴られそうでした。同じ学校の教諭が相手だということまで気付いたようですが、幸い、夫は職場の様子をあまり知らないので谷本先生と特定はされませんでした。でも夫は、学校長へ電話をかけたんです」

翌日、花田先生と彼は、放課後別々に校長から呼び出しを受けた。

「花田先生、ご主人から今朝一番にお電話がありました。どういうことか分かっていますね。私も同じ女性で、教員を長く続けて校長になっていますので、教職が大変な現場だということは理解しています。この後、谷本先生もお呼びしますからね」

夫に気付かれる前に、すでに保護者から匿名で学校長宛に連絡が入っていたという。

「お二人がスーパーマーケットの駐車場で保護者に見かけられていますね。一部の保護者の間でうわさとなっているのだが大丈夫か、という連絡が入っています。もちろん、校長として私は否定しました。お二人とも教育熱心な先生ですから生徒のことで話をよくしている、その一環だろうとお答えしておきましたが、どういうことですか」

「スーパーマーケットには行きました。私が車を運転できないので谷本先生に送ってもらって特別授業のための参考資料を買いに行ったときのことだと思います」

とっさについたウソだった。スーパーマーケットで買い物をしたことはない。いくらなんでも地元のスーパーで、二人並んで買い物をするほどおろかではない。しかし、駐車場には何度か行っているのである。谷本先生が車を買い替えたばかりの先月、まだ生徒も車種を知らないから見つかることはないと、スリルを味わうために、スーパーの駐車場に車を停めて長い時間キスをした。座席シートでのセックスも試みたが、アダルトビデオなどでやっているほどうまく挿入できなかったため途中でやめたこともある。

とりあえず花田先生は慎重に言葉を選びながら謝罪し、校長室から出た。すぐに、隣のクラスで生徒と話していた谷本先生を廊下へ呼び出し、簡単に事情を伝えて、彼女が校長に対して行った言い訳をそのまま伝えておいた。その後呼び出された谷本先生は彼女と口裏を合わせて同様の言い訳を行い、同じように謝罪した。

その後、二人で話をした。谷本先生はとても慌てている。

「花田先生、困りましたね、どうしましょう。校長は、わが校初の女性校長だし誇り高い人ですよ。教育委員会に報告されると、今の小学校からもっと山の中の小学校へ異動になってしまうでしょう。そうなると通勤も不便になるし、困りましたね」

「大丈夫ですよ。谷本先生は知らないんですか？　校長は不倫しているんですよ。もう何年も前から市内の小学校の校長と。大学時代の同級生ですって」

五十代、公立学校長同士のダブル不倫とはまた穏やかではないが、校長の合宿研修では、前夜同室したのではないかと雰囲気が伝わることがあるという。花田先生たちが勤務する小学校の中でも一部の教師は気付いて、見て見ぬ振りをしている。

「なんだ、そういうことなら僕たちも大丈夫ですね。心配して損した気分ですね」

ところが、ことはそれほど簡単には収まらなかった。その後、疑いを払拭できなかった花田先生の夫が調査会社へ依頼し、ついに相手をつきとめ、再度校長へ調査報告書を持って「谷本先生か、うちの花田則子を別の学校へ異動させろ」と怒鳴り込んできたのである。今度は二人揃って学校長に呼び出された。

「先生がた、本当に困りますよ。ほんの四か月前にご注意申し上げたばかりでしょう。花田先生のご主人は、お二人のいずれかを他校へ、と希望していらっしゃいます」

「それは困ります」「私も困ります」

「谷本先生も花田先生も慌てないでください。異動するとしても今すぐというわけではありません。ただ、どういう事情であれ今後校外で会うのは止めてください」

「はい。分かりました」「当然です、私たちは教職にあります」

その後しばらくの間、花田先生の夫は訴えてやると息まいていたが、たぶん来年には どちらかが他校へ異動するだろうと聞いて、落ち着いた。

ところが、新学年になっても二人とも異動はない。昨年のように同学年ではないが、異なる学年の担任として勤務を続ける。それどころか、二人はまだ会っていた。隣町の居酒屋で二人が飲んでいたとき、花田先生の夫が偶然同じ店に入ってきたことで発覚した。夫がその店に行ったのはそのときが初めてだというのだからまさしく奇遇である。

怒った夫は、その場で谷本先生から自宅の電話番号を聞き出して彼の妻に電話をかけた。コトの経緯を伝え、翌日には彼の妻に浮気の調査報告書や証拠写真を渡してしまったのである。調査報告書を渡したことをなじった花田先生に対して、夫は声を荒らげた。

「あつかましい！　オマエは殴られたって文句を言えない立場だろう。教員のくせに、汚らしい奴らだ。訴えると言ったが、俺にはそんなことはできない。民間企業はオマエら公務員には分からない苦労をしてポジションを守らなきゃならないから、裁判なんて時間はない。谷本の妻だったら専業主婦で訴える時間もあるだろう。オマエが訴えられても、谷本が離婚されてもどっちでもいいんだ。俺は絶対に離婚してやらないぞ」

浮気の証拠を受け取った谷本先生の妻は激怒し、大喧嘩の末、実家へ帰ったが、幼い子どもがいるため離婚はしないと決めて一週間で戻った。その後、妻は学校長に連絡した。校長は、二人一緒に三度目の呼び出しを行い、次の学年で谷本先生か花田先生いずれかを異動させると伝えた。校長は眉をひそめる。

「お約束を守っていただけないからこういうことになります。私は校長として、先生がたをお守りしたいと思ってきたんですが、残念なことになりました」

二人はそれぞれに謝罪し、二度と会わないと誓ってみたが、この決定が覆されることはなさそうだ。一体どうすればいいのか。二人とも現在の学校を離れたくない。なにか方法はないか、と、花田先生は私のところへ相談来所したのである。

それにしても花田先生の夫の怒りは強大だ。一般的に、夫は妻の浮気を許すだろうか。「男の嫉妬」と漢字であらわしてみると、「男」という漢字に続く女偏の「嫉」「妬」はいかにも座りが悪く、そんなものは存在しないかに思える。男は嫉《ねた》んだり妬《そね》んだりしないのか。いや、する。もちろん男にもその感情がある。

夫婦間における夫の嫉妬とは、それまで妻に対して優位であったはずの俺、妻を独占していたはずの俺が崩れたときに感情として起こるものだ。妻のことは許しがたいが、では離婚するかといえば絶対に離婚に応じてやらない。夫が浮気をしたときに妻の怒りの対象が相手に向かうのと逆で、妻が浮気した場合、夫の怒りの対象は妻である。妻を誘った男が悪いのではなく、俺という存在がありながら男に誘われた妻が悪いのだ。妻の浮気が世間に知れることによって自分のプライドが傷つき損なわれるため、妻から恥をかかされたと多大な怒りを覚えるのである。

たとえば、妻が主体的に行った浮気ではなく、レイプされた場合にさえ怒る夫がいる。

「おまえに隙があるからだ。男を誘う格好をしているからレイプなんかされるんだ！」

さらに、妻が主体的な浮気を行った場合には、夫はウツ状態となり、傷つき、悩む。裏切った妻に激怒して暴力をふるうだけではない。子どもに妻の悪口を言って無視させたり、妻の実家に対して育て方が悪いと怒鳴り込むこともある。

妻たちはそれを知っている。夫が自分の見栄を守るためにいかにみっともない行動にでるか予測できる。だからこそ、夫に浮気を気取《けど》られないよう心がけるのだ。

どうしようもないズレ

「池内先生、どうしたらいいでしょうか。校長だって五十六歳という年齢でダブル不倫をしている女性ですから、うわさだけだったら何とかしてくれたんだと思います。問題は、谷本先生の奥様が私を訴えると言っていることです。裁判となると校長もかばうことができないということです。裁判を避ける方法を考えてください」

「私立小学校だったら、猶予期間すらなかったと思われますが、どうでしょう」

「え？　猶予期間ですか、何に対する猶予ですか」

あ〜あ。まったく、もう。

このズレた考え方、ズレた受け止め方。ズレまくった対策の方向。もちろん、すべての公立小学校教諭が同じように浮気をするわけではない。真面目に教育にあたる教師も多く見ているし、花田先生とともに勤務する他の教師は混乱してはいないだろうか。ひとつの校内でダブル不倫の教師が、校長、谷本先生、花田先生、と三人もいる学校は特殊だし、彼らはきっと特別な存在なのだろうと信じたい。が、しかし、浮気にからむことだけでなく、ズレた教師はいる。

彼らに蔓延するズレの根っこにあるものは、一般の会社員とは異なり、教師は客観的に評価されることがなく、また、校内外でのセクハラや浮気程度では解雇されることもない、という安穏とした状況である。また逆に、誠実に努力してみたところで、指導要領から外れることは許されないし、自己犠牲とも呼べるほど時間を費やして教育に心血を注いでも認められにくいことなども教師がズレていく遠因であるかもしれない。したがって、事なかれ主義の中でゆるゆるの現場ができあがる。

　たまたま相談来所した現場の教師と学校長ともどもが、たまたまダブル不倫をしているからといって文部科学省まで責めたくはないのだが、なんとかならないか。ちっとはまともに教育ができる教員の育成を行ってほしいものだ。

先生にお説教

　花田先生の相談に戻ろう。彼女からの問いかけを整理すれば次のようになる。

　同僚教師とダブル不倫をしていることが夫に知れた。学校長は二度までかばったが、三度目には異動の決定をした。夫から不倫相手の妻に渡された浮気の証拠をもって裁判に訴えられる可能性がある。裁判さえなければ二人ともおとがめなしとなりそうだから、裁判を回避する方法を教えてほしい、ということだ。さて、答えなきゃ。

「裁判に訴える権利を国民は持っています。でも、裁判所が訴えを受け付けなければ裁判ははじまりませんし、訴えられる前にこちらから謝罪するなど誠意をみせて、相手側の気持ちが変化することがあれば、訴えを起こさないかもしれませんよね」

「では、私たちはまだ望みがあるのでしょうか。私はどうすれば再婚できますか」

「再婚の前に、谷本先生も花田先生も今別々の方と結婚していらっしゃいますので、まず、お二人の交際を止めたほうがいいと私は思います。そのうえで、できればお互いの配偶者と話し合いをもって離婚を決定するのが筋というものだと、私は思います。その後、半年間の再婚禁止期間をすごした後に、晴れてお二人は再婚できますよ」

「そんな曖昧な言い方ではなくて、もっと具体的に言い切ってください。私に一から十まで教えてください。池内先生から命令されたことに必ず従いますから」

従うだって？　冗談じゃない。どこかのアヤシイ教祖じゃあるまいし、人様に対して命令などできるわけはない。相談の現場では、いつも同じである。「私はこう思います」「過去こういったこともありました」「違う視点から見ることもできます」「できればこうしたほうがいいのではないか」、それらを伝えるのみだ。どういったことであれ、決めるのは本人だが、一人きりで悩んでいると同じところをぐるぐる回り混乱が大きくなるだろう。混乱を客観視し、さまざまな情報をもって伝えるのみだ。本書の行間にみられる類いの、私自身による個人的な怒りは封じ込めている。

相談に来所した人の人生をコントロールし「命令」を下すことなどできるはずもない。花田先生の場合は、二人が再婚できるかどうかという将来に対する不安を考える以前に、今ここでやらなければならないことがあるだろう。今すぐに向き合わなければならないのは、互いの家庭において、「夫」であり「妻」である立場として互いの配偶者に対峙することだ。これは二人の将来につながることでもある。

また、生徒の保護者にスーパーマーケットでのデート現場を見られているということは、生徒たちにも二人のダブル不倫が伝わっている可能性がある。生徒たちはどのように感じたか、「教師」という社会的立場で生徒にどのように向き合うのか。さらには、「個人」として自分自身の人生にどのように向き合うのか。再婚を考える前に、それらを受け止めることからはじめてほしいと伝えた。

ごく常識的なアドバイスで、他人に言われるまでもないことではないかとも思うが、花田先生は真顔で頷《うなず》き続けながら、詳細にメモをとる。その真面目さが、逆にまた世間とは異なる温度のズレを感じさせるのだが。

ふぅ、くたびれた。

CASE ケース10

安・近・長と危・遠・短

クライアント　美奈子さんと理沙さん（二十七歳）

ひと昔前の妻たちの浮気は「安・近・長」であった。子どもの家庭教師や出入りの業者など家庭を壊さない程度に安全な相手を選び、しかも近場だった。うっかりすると、隣戸の夫との浮気もある。日常は素知らぬ顔で過ごし、裏で何年も関係が続く。ところが最近の傾向では、安全よりも強い刺激や時には危険とすら思えるアバンチュールを求める。インターネットと携帯の普及によって距離は飛躍的に延びた。期間は短く、数回会って終わるものが多数派だ。近ごろの妻たちの浮気は「危・遠・短」である。

自称・勝ち犬の女たち

「だってー、みんな、結婚したって恋とかしたいと思ってるじゃないですかぁ」

唇をとがらせるように突き出して美奈子さんがいう。年齢は二十七歳、一児の母。

「ていうかー」「〜じゃないですか」が口癖で、それは彼女たちにとっては失礼な話し方ではなく、丁寧語として使用している口調でもある。

「ていうか、ほら、よく言うじゃないですか。『結婚しても女でいたい』って、みんな言うじゃないですかぁ。私だって、一歳の子どもがいるけど、やっぱり、っていうか、女でいたいですよ。まだ二十代だし、友だちには独身の子もいっぱいいて遊んでいるのに、ダンナは私が女だってこと忘れてるみたいなんですよね。ていうかー、ちょっとだけ悔しかったりするじゃないですか。ねー、理沙だって、思わない？」

美奈子さんに促されて、一緒に来所した友人の理沙さんも同じ口調で話しはじめる。

「ていうかー、私たちってまだ二十七歳じゃないですかぁ。三十歳をすぎても独身で子どもとか産んでない『負け犬』とかとは違って、私たちって結婚して子ども産んでるし、でもまだ若いしー。私たちって、女はまだまだこれからよ、って感じじゃないですかぁ。ていうか、放っておくダンナも悪いよねー。美奈子のところもウチも、子ども育ててたら女は幸せだし、ってダンナは決めつけてる感じ？」

語尾が上がったり下がったり伸びたりすることはさておき。だから……という理由で、彼女たちは時々浮気をしている。神奈川県に住んでいる彼女たち二人は、携帯電話の出会い系サイトにアクセスし、いつも二人一緒に出かけていく。彼女たちは、浮気ではない、単なる遊びだと説明してくれる。

「だってー、別に、相手のオトコを好きになるわけじゃないしー。ていうか、ダンナは私たちを放ったらかしで、女として見てくれないじゃないですか。だから、ときどき女を確認する、ていうか、まぁ、遊ぶ。本気なんかならないですよ、子どもいるしー」

遊びの中身はこうだ。まず、美奈子さんが出会い系サイトにアクセスし、書き込みを行う。もちろん主婦であることは伏せて、独身で年齢も少しだけ若く書く。演じるのは丸の内に勤務するOLであり、待ち合わせは渋谷駅のハチ公前。

丸の内勤務は、まるっきり嘘ではない。独身時代、丸の内の中堅商社でアルバイトをしたことがあるため、メールのやりとりの中では、当時の気持ちに戻って仕事上の不満を言ったり、上司のセクハラに愚痴を言ったりもできるのである。専業主婦になってまだ三年しか経っていないため、タイムラグを気取られることはない。

「出会い系だとー、都内在住とか都内勤務のオトコは選ばないし、仕事の話をしてもあんまり気づかれることってないんですよ。ちょっとぱっとしないけど北関東とかに住んでるオトコを選んで待ち合わせるんです。北関東のオトコって大したことないのに見栄はってお金使うしー。理沙と二人で物陰から相手のオトコを見て、嫌な感じとか、危ない感じだったら声かけないでパスするんですよー。携帯のメアドを変えたら連絡つかないから気にしなくっていいじゃないですか。ていうか、都内のオトコじゃないから偶然会うこともなくて安全だし。私たちとか、結構考えてたりするんですよ。OKな相手だったら、美奈子か理沙か、どっちか一人が会って、どうせ相手はメールだけで私たちの顔も声も知らないから、どっちが会ってもあんま気にしないよね。あ、でも前に二人で会ったよね。二人ともオトコのことを気に入っちゃったから、しょうがなかったし」

「ていうか、美奈子が譲ってくれないしー。でも、面白かったよね、ノリのいいオトコで、『偶然友だちに会ったんで二人になっちゃいました、いいですか』って言ったら、じゃ3Pしようって、あっさり（笑）。ゆっくり遊ぶ時間とかなくて急いでるから、細かいこととかごちゃごちゃ言わないオトコのほうがラクでいいよねー」

美奈子さんも理沙さんも一歳の子どもがあり、ファミリー・サポート・センターへ預けてから渋谷へ行き、遊んだ後また子どもを受取りに行ってから神奈川の自宅へ帰るため、遊ぶ時間は二〜三時間が限界だ。ファミリー・サポート・センターとは、自治体に登録しておくことで他家に子どもを預けることのできる制度だ。本来、仕事と子育ての両立などを支援する目的から労働政策的に作られたシステムだ。

保育設備などのインフラ投資が必要ないために、ここ数年、各地の自治体がこぞってセンターを設立しているが、まさか母親が浮気をするためにその制度が使われているとはご存知ないだろう。お得だという料金体系を美奈子さんが説明してくれる。

「時間預かりの託児所とかあるじゃないですか。でも、一時間で一六〇〇円くらい払わなきゃなんないし、自宅へ来るベビーシッターだと一時間二〇〇〇円とシッターさんの交通費も払わなきゃいけないし。高いしー。ていうか、自治体に登録してるファミリー・サポートの家に連れて行って預けたら一時間八〇〇円だから、比べると、めっちゃお得でしょう？ 私たちだって考えたりしてるんですよ」

彼女たちは、出会い系サイトで出会った男性とそのままホテルへ行くこともあるし、お茶だけのときや、カラオケでデート気分を味わうこともある。基本的にお金は求めていないが、ホテルへ行って数万円を渡されたときには断らず受取る。援助交際ではない純粋な遊びだとしつつ、お金を受取るには理由があるという。

「もらわなかったら、オレって惚れられたかも、って誤解するバカなオトコもいるじゃないですか。そういうの面倒くさいし。ていうか、お金もらっておけば、その時間だけの関係って相手も割り切ってくれて、そのほうがラクだったりするじゃないですか」

二か月ルール

いつも一度かぎりのデートではない。ほどほどに気に入った相手とは繰り返し会う。出会い系サイトで約束した相手がどんな男性か、美奈子さんと理沙さんの二人で見て、どちらか一人、気に入った側が男性に声をかける。継続してつきあうほど気に入った場合は、その後、一人だけが連絡を取って会う日を決める。

「でもね、ルールっていうんですか、決めてることもあるんですよ。本気で好きになったりしないとか、同じ相手と二か月以上は続けない、とかね。私たちは母親だし家庭を持っているからきちんとしなきゃいけないじゃないですか」

美奈子さんの横で、理沙さんが笑う。

「美奈子、よく言うよー。ていうか、美奈子が危なかったから作ったルールだしー。相手のオトコが美奈子のことをマジで好きになったみたいで別れられなくて困ったことがあったんですよー。うまく逃げられなくなることってあるじゃないですか」

二か月を越えて会っていたとき、相手の男性が本気で美奈子さんのことを好きになって、美奈子さんの家に遊びに行きたいと言いはじめたという。メールアドレスしか伝えていないため神奈川県に住んでいることは伏せて、美奈子さんは渋谷駅の近くに一人暮らしをしているOLを演じていた。実際、渋谷区在住の女性は約半数が独身であるため、その設定は悪くない。ところが、いつも待合せをする駅の近くで一人暮らしをしている設定では、彼の訪問希望を断りにくい。断ることができないまま、しかたなく、渋谷から少し離れた小さなアパートの前まで彼と二人で歩いた。しばらく歩いて、目の前に現れた二階建てアパートの外階段の下で、美奈子さんは彼に伝えた。

「このアパートの二階に私の部屋があるんですよ。でも、今、うちの子どもが寝てるから、上がるんだったら音を立てないで、静かに上がってくださいね」

この言葉を聞いて彼は黙ってうなずいたが、二人ともその場から動くことはなかった。美奈子さんが、もう一度階段を上がるかどうか尋ねると、彼は上がらないと言い、そのままくるりと方向を変え、一人で渋谷駅に向かった。美奈子さんは安堵したという。彼女はそのアパートの鍵など持っていない。まったく初めて見た建物だったからだ。

「もう、めっちゃ慌てましたよー。オトコが断ってくれたからラッキーだったけど、部屋へ入るって言ったらどうしようかってー。そのとき、あ、これって使えるんじゃないって分かったんですよ。『子どもがいる』って言えばオトコは引くしー」

少し得意げに美奈子さんが言うと、理沙さんが続ける。

「ていうか、その後大変だったんだよね。すぐ携帯のメアド変えなかったから、彼からメールが入って、今、君のアパートの下にいる。ぜひ子どもにも会わせてほしい、僕は君のすべてを受け入れることにした、とか。まいったよねー。オトコだけ舞い上がってバカみたいだし、ストーカーとか困るし、マジ心配したよね。本当の自宅をつきとめられたらまずいけど、警察に言うわけにもいかないじゃないですか」

性病の危険性

遊びの浮気相手から本気で好きになられた教訓から、相手が代わる度に二人とも携帯電話のメールアドレスを変えることに決め、二か月以上つき合わないという基本ルールを作ったのである。彼女たちがいう「遊び」がいつまで続くのか分からないが、それにまつわる危険性は彼女たちなりに理解しているようだ。

彼女たちが私のところへ相談来所した最大の動機は、「妊娠の危険性」であった。第一子を出産した後まだ妊娠したことはないが、今のペースで月一～二回遊んでいるうちに、望まない妊娠があるかもしれない。避妊だけでなく性感染症も怖いため、彼女たちはコンドームを使用しているが、それでは一〇〇%の避妊とはいえない。かといって、彼女たちはまだ遊ぶのをやめるつもりはないという。

「ていうか、避妊だけじゃなくて、ちょっと困ってるのは、なんかアソコに小さなイボみたいなものができてるし。これって何ですか？　病気とかじゃないですよね？」

今にも下着を脱いでしまいそうな勢いだが、私は医者ではないため診察はできない。東京家族ラボアドバイザーの一人である産婦人科医へ紹介状を書いて相談を終えた。彼女たち二人ともが検査を受けるよう勧め、くれぐれも気をつけてと伝えた。

「何でそんなことをわざわざお金を払ってまで相談に来るのか」という疑問が読者の頭の中に浮かぶかもしれない。正直にいえば、私自身も、相談先を間違えていると思うこともある。だからといって追い返すわけにもいかないだろう。また、奇妙なことに（自分で言うのも何だが）テレビや雑誌に出ている人間に会いたいという動機での来所もある。来所を思いついた動機など何でも構わない。彼女たちが抜き差しならない状況となる前に出会えたことはありがたいことであるし、彼女たちをかわいいとすら思う。だからこそ、その無邪気さ、いや無知を心配せずにはいられない。

一時期ほどの報道は鳴りをひそめたが、HIV（エイズ）は、現在でも猛烈な勢いで増加し続けている。さらに目立つのは、若年層による性感染症の著しい増加である。ヘルペスやクラミジアといった感染症だけでなく、近頃相談の中でよく耳にするのは、尖圭《せんけい》コンジローマ。パピローマウィルスによるSTD（性行為感染症）である。パピローマウィルスの感染は、子宮頸がんの原因ともいわれて危険性が高い。はじめは性器に小さなイボのようなものができ、あまり痛みを感じないために本人も気付かなかったり通院を恥ずかしがったりしているうちに大きくなり、ときには、咽頭がんの発生にもつながるといわれている。尖圭コンジローマは、九〇年代後半から増加傾向にあり、感染の範囲も広がっている。日本の最新調査では、男性が一万八三八二例、女性は二万八〇〇〇例で、男女合わせて四万人近くが感染している計算だ。これはもちろん治療を受けた患者の数である。

妻たちの浮気を量産する犯人は安っぽいメロドラマか、女性誌か、「ＡＥＲＡ」かは知らないが、「結婚しても女でいたい」とのたまう女性たちを多く見ている。結婚した後、女性から男性に転換した人を私はまだ見たことはないのだが。

結婚することによって女という性を失うわけではなく、結婚前は「女の子扱い」し、ちやほやしてくれていた恋人男性が、結婚し、夫と妻の関係になったとたん女の子扱いをしてくれなくなるのである。女の子扱いされないことが彼女たちの不満である。だから、女の子のように扱ってくれるオトコを見つけて遊ぶのである。

少しばかりちやほやされる程度のことを遊びというかたちで手に入れたばかりに、性感染症や妊娠、相手男性からのストーキング、ときには生命すら脅かす危険がその先にあることに、彼女たちはまだ自ら気付くことはできない。年齢は三十歳に近くても気分はまだ十代の彼女たちに向かって、大上段にそれを伝えても届かない。本当に困ったことが起こる前に伝えてはいるのだが、伝えても届かないのである。

今の日本人の精神年齢は、男も女も実年齢に〇・七を掛けた数字だと言われている。二十七歳の彼女たちは、さしずめ十九歳だろうか。さもありなん。

今回は、起こることの可能性を説いておくにとどめる。それでも二度目には厳しい指摘を行わなければならないだろう。覚悟のうえで来所してほしい。

CASE ケース11

飴と鞭の彼

クライアント　篤子さん（二十八歳）

セックスあるいは性交のことを「エッチ」と呼ぶ人がいる。このHはもともとは「変態」の頭文字である、それを知らずに言葉を使う若い子を見ると恥ずかしくなるという年輩者もある。俗に変態といわれるＳＭこそが究極の愛のかたちだと言う人もあれば、いやフェティシズムこそが崇高な愛だと言う人もいる。相談の現場では、ＳＭもフェティシズムも語られる。その描写は官能小説そのものである。一般の妻たちにまでこんな趣味が安易に手に入るようになった、その背景にはまたしてもネットが活躍している。

調教されたくて

「私は、どうにかなったのかもしれません。もう、どうしたらいいか分かりません」
いきなり泣きだしてしまった二十八歳の篤子さんは、結婚してまだ半年。彼女自身が記入した相談シートを見ると、夫とは一緒に暮らしていない。夫は岐阜県、篤子さんは東京都内でそれぞれの実家に住まわせてもらっている。チェック項目には一つも○がつけられていないため、彼女に何が起こっているのか聞いてみなければ分からない。

「私がいけないんです、私がいけないの。今の仕事を断りきれなくてワガママを言ったから悪いんです。だからこんなことになってしまったんです。ああ、どうしたらいいんでしょう。こんなわけの分からない私のことを叱っていただけますか」

ふう。これでは話にならない。彼女の涙がおさまるまで、しばらくの時間を待つことにしよう。

五分を過ぎただろうか、ようやく彼女の嗚咽もおさまり、いくらか話をする気持ちになったようだ。

「聞いていただけますか、愚かな私の話を。どこから話したらいいんでしょう」

「どこからでもお話ししやすいところからで結構です。気を遣わなくて大丈夫ですよ」

結婚を決める時期と同じ頃、彼女は勤務先で大きなプロジェクトのメンバーに選ばれた。同僚もうらやむ大抜擢だったため、結婚した後も篤子さんは仕事を辞めづらくなり、夫も理解を示してくれたため離れて暮らしている。互いに仕事が忙しいこともあって、月一回、夫が上京して会う通い婚を半年間続けてきたという。

「私がいけなかったんです。あるときふと寂しくて、あと、当時の仕事の重圧もあったんだと思います。寂しくて、仕事も苦しくて、つい会社のパソコンから出会い系サイトにアクセスしてしまったんです」

リンクをたどるうちに、SMサイトへたどりついた。篤子さんはそれまでSMのことなどまったく知らなかった。どちらかというと箱入り娘風である。

「調教、っていう言葉になんとなく興味を持ってしまって。それがいけなかったんです。私は本当にいけない女です。でも、分かってはいるんですが、そのサイトを運営している四十六歳の男性と何度も会ってしまいました」

はじめは喫茶店でお茶を飲みながら、SMのことを説明してくれたという。

「サイトを見たときは、ああ、エッチだなと思ったんですが、会ってお話を聞いてみると、いやらしい感じはなかったんです。その男性は清潔で知的な大人の男という感じで、作家さんかなと思いながらぼーっとしている私に、文字だけの冊子を見せて丁寧に説明してくれて、お家で勉強してごらんって雑誌を貸してくれました」

よい印象を受けて帰宅し、大判の封筒から雑誌を取り出して驚いた。どのページをめくってもカラーのＳＭ写真があり、いずれも女性が「調教」されているものだった。はじめは驚いたし不潔だと思ったが、ページをめくるうちにどの写真も美しく見えはじめ、篤子さんも調教を受けたい気分になったという。そして数日後、ＳＭサイトを運営している四十六歳男性に再度メールを送信し、彼から優しく誘われるままにラブホテルへ行った。

浮気の境界線

私の目の前に座る篤子さんは、色白で小柄、少しふっくらしている。取り立てて美人というほどではないが、大切に育てられたお嬢さんの雰囲気を持っている二十八歳である。肩口まで伸ばして名古屋嬢のように毛先を少しカールした髪型も似合っている。化粧はあまり濃くない。なるほど、いかにも彼らから好まれそうな女性である。

独身時代の篤子さんは、両親の監視が厳しくて夜の外出はできなかったという。結婚前の門限は十九時。それを少しでも過ぎると、母親は激怒した。仕事で遅くなったと理由を説明しても、母親が篤子さんの上司に電話をかけて確かめ、二度と遅くならないよう母親から上司に念押しすることすらあった。

結婚後も両親のもとで暮らしているが、結婚を機に、急に母親からの締め付けがなくなったのである。結婚前後、職場の同僚や友人が、篤子さんの結婚祝いパーティーや飲み会を何度か開いてくれたことをきっかけとして、門限がなくなった。以前はあれほどうるさく、誰とどこへ行くのか何時に帰宅するのかと尋ねてきた母親は何も言わなくなっていた。朝、出社するときに、篤子さんが「夕食はいらない」と伝えるだけで、二十四時までフリーパスとなったのである。

彼女の父親も、朝自宅を出るときに夕食の要不要を伝えるだけだ。母親は、結婚と同時に篤子さんに対する態度が、まるで父親に対するそれと同じになったのである。これは、娘が結婚するまでの躾《しつ》けと教育は母の務めであり責任だと自らに強く課した女性にありがちな変化でもある。篤子さんは、門限がなくなったことで母親の呪縛が解けたと感じ、生まれて初めて自由を手に入れた気持ちがした。

篤子さんはその後も、ＳＭサイトを運営する男性から誘われるままにラブホテルへ行き、彼はその度に様々なＳＭグッズを持参して使い方を教えてくれた。

「彼からいろんなことを教わるのは恥ずかしかったんですが、私が恥ずかしがる顔がかわいいって褒めてもらえるんです。夫だって、結婚してからは私のことをそんなに褒めてくれたことはないから嬉しくて、誘われるままに出向きました」

ところが、ラブホテルでのSMプレイを続けて数回目に、彼だけではなく、三人もの男性が篤子さんに断りなく一緒に来たのである。彼女は、知らない男性ばかりの前でいつものようにプレイできないと男性に言ったが、結局いつも通りのプレイを行った。その日も楽しいと感じたが、複数の異性に対する恐怖が少しだけあった。その後、四十六歳の男性から誘われても出かけていない。

「変な言い方ですけど、セックスはしていないんです。ソフトSMだけで、挿入も射精も誰ともしていません。それでも私は浮気をしたことになるのでしょうか」

なんとも難しい問いだ。法律的にいわれる浮気は、もちろん性行為である。しかし、その現場を証拠とするのは困難であるため、ホテルあるいは居室に、二人きりで三時間なり一晩なりをすごすことでセックスをしたとみなされるのである。よくある冗談めいた言い訳のごとく、二人でずっとトランプをしていただけだというのは通用しない。

離婚裁判の判例では、「男女が二人きりの密室で十五分間すごしていた」ことを主な状況的証拠として浮気を認め、損害賠償請求を認める判決を下したものすらある。この判例の場合は密室十五分だけを理由としているわけではなく、他にもさまざまに不貞を裏付ける状況的証拠が挙げられていた。しかし、密室十五分でなにができるのだろう。

この判決を下した判事自身がよほど早いために、十五分あればじゅうぶんと受け止めることができたのか、あるいは、よほど遅くて一般的な男性の性行為に要する時間を測ることができなかったのかと、下卑た笑い話にしていた人もあった。

法律から離れて考えてみよう。

配偶者以外の異性とのセックスのない恋愛関係。

夫が会社の同僚女性に対して好きだという感情がめばえた。彼女も悪く思っていない様子であり、ただ喫茶店に入ってお茶を飲み、悩みを打ち明けたり話をするというだけの「純愛」が続いたとしたら、それは配偶者を精神的に裏切っていることにはなる。

たとえば、夫が妻に向かって、こんな風に言ったらどうだろう。

「彼女（恋人）がいとおしくて、大切に思うあまりにセックスはできなかった。彼女と二人でお茶を飲んで話しているだけで、時間よ止まれと願うほど幸せだった」

そんな打ち明けられかたをして傷つかない妻はいない。少なくとも、妻が夫に対する愛情や夫婦を継続する意志を持っている間は。もっと客観的になることができれば、気色悪いとか信用できないといった異なる感情が妻のなかに生まれてくるのだが。この場合のポイントは、夫に恋愛感情があるかどうかである。実際、肉体関係がなくても、「いっそ、その女性とセックスをしてくれたほうがよかった。そうすれば、女性の体が目的だったんだと私は納得することができたのに」と泣いた妻もいる。相当罪深い話ではある。

では逆に、恋愛感情を持たず性的処理だけが目的でセックスを行った場合はどうか。ソープランドなど風俗産業がそれだ。これは、法律論で語れば浮気（不貞行為）となる。現実の世の中で風俗店に数回行ったということが離婚理由となるかどうかは別として、少なくとも法律上はそういう解釈が成り立ちうる。

このように考え進めると、一夫一婦制の中で作られた夫婦に関する法律というのはなんだか無茶な要求をしているようにも思える。たった一人の配偶者以外と生涯セックスをしてはならないのはかえって不自然だと受け止める人もあるだろう。

逆に、お茶を飲んだだけでも心が伴っていると損害賠償だというのでは、おちおち喫茶店にも行くことができなくなるではないか。まぁ、いずれの家庭においても、それが夫であれ妻であれ、それまでの「信頼と実績」でカバーするしかない。

相談を受ける中で実感することだが、妻も夫も、一度の浮気だけを理由に離婚を決意するわけではない。それまでの夫婦間に何があったか何がなかったかによって、浮気がバレたとき、離婚というかたちに凝縮されて現れることがあるだけだ。

叱ってほしい

篤子さんの告白はまだ続いている。

「私にソフトSMの調教をしてくれた男性だけでやめておけばよかったんです。でも、私の体をじぃっと見つめられる、あの感じが忘れられなかったんです。つい、他の男性にも会ってしまったんです。私がふしだらだからいけないんです」

次に出会った男性は、フェチだった。彼は、篤子さんに太ももまでのストッキングとパンプスだけを履かせ、下着にいたるまで衣類いっさいを身に着けさせず、ただ、じっと立たせておく。五分のときもあれば二十分のときもある。その後、パンプスをぬがされて、別のパンプスに履き替えさせられる。

はじめて会ったときに篤子さんは彼から足のサイズを尋ねられ、次に会ったときには、彼女のサイズのパンプスを何足も準備していたのである。パンプスの色やデザインは異なっていたが、ヒールの高さはいずれも十センチ。

「ふだんあまりヒールの高い靴を履き慣れていないので、立たされているのも辛かったんですが、なんだか放置プレイをされているようで、それも気持ちよくなって。ああ、私はどうしたんでしょう、私がいけないんです、私がいけないんです」

「篤子さんがいけないんじゃありません。篤子さんは、SMもフェチもやめたいと思っているんですか。それとも、罪悪感をなくしたいのかな？」

「分からないんです。ただ、叱ってほしくて来たのかもしれません。お願いです、私を厳しく叱って下さい。きつく縛って、叩いてくださっても結構ですから」

あらら。ちょっと風向きがよくない。たまに間違えられることはあるが、私個人はSではない（と思う。明確な自信はないが）。それに、「きつく縛って叩く」は、東京家族ラボの定款《ていかん》にも入れていないので法人としても行うわけにはいかない。

あ、思い出した。

ずっと以前に「SMの女王様」が相談来所したことがあった。職業は女王様であっても生身の人間であり、当たり前だが結婚もすれば離婚問題にぶつかることもある。彼女の相談を終えた後、少しの時間、話をした。SMについて真摯《しんし》に悩んでいる相談者の来所もあるため、現場の様子を知りたい。一度プレイを見学させてもらってもいいかと尋ねてみたら、女王様は、オーッホッホッと高笑いして言った。

「いいわよ。あなたって女王様気質だから、見学なさらなくってもそのままボンデージでプレイしましょう。一緒に女王様しましょうよ。奴隷たちも喜ぶわ」

いや、プレイではなくて、見学。なぜなら私は（たぶん）緊縛もスパンキングも趣味ではない（と思う。かなり自信が揺らいできているが）。

今回相談来所した篤子さんには、その女王様の連絡先を伝えておいた。私の指示で篤子さんのＳＭを即座に中止させることなどできないし、同じ行うのであれば安全な場所がいいだろう。素人ＳＭを続けているうちに怪我や事故があることは避けたい。さらに、彼女がもしも心理分析を望むのであれば連絡をとって欲しいと伝えて、セラピストの紹介も行った。また必要があれば私のところへあらためて相談来所するかもしれない。

ところで、「貞淑」ってなんでしたっけ。

彼女によると、男性は皆「貞淑な人妻」と彼女のことを呼んだそうだ。ＳＭ調教の男性もフェチ男性も同じように。

CASE ケース12

南国リゾートの妻

クライアント　町子さん（四十五歳）

日本は不況だ。いくら政府が景気は上向き、株価上昇と喧伝《けんでん》したところで、国民感情は依然不況のただ中にある。それでも海外旅行者は増加しており、二〇〇四年ゴールデンウィークは、曜日の並びに恵まれたこともあって史上最高の国外脱出数であり、年末年始も前年比一〇%増。現在、旅行先で人気が高いのは、欧米ではなく、中国、韓国、インドネシア、タイといったアジアの国々である。ご多分にもれず不倫旅行も多い。旅行会社のパンフレットよろしく、南国に行くことで開放的な気分になるものだ。

南国でガス抜き

「彼氏と行くなら、南国リゾートが一番いいわぁ。またバリに行ってきたのよ」

今日はお土産を持ってご相談に来たのよと町子さんから受け取ったのは、ちょこんと小首をかしげた小さな木彫りの猫の置物。バリ島の伝統的な民芸品だ。

四十五歳の町子さんは、五十六歳の恋人と一週間のバリ旅行をしてきた。彼は、町子さんの夫が経営する内科医院の顧問会計士で、妻と大学生の子どもがいる、いわゆるダブル不倫だ。互いの配偶者に知られないまま、三年近く恋人関係を続けている。

「彼とは、近所で会えないのよ。主人の医院が自宅すぐ近くだから、患者さんともよく会っちゃうし、どこでデートしていても、いつも誰かに見られているような気がして落ち着かないの。だから、ホテルで会うときにはいつも別々のエレベーターで上がって、セックスし終えたらまた別々に部屋を出るって、味気ないでしょ」

夫が経営する医院の受付を町子さんが手伝うこともあるため、患者さんとも顔見知りだ。出入りのプロパーは、町子さんの夫の医院だけを回っているわけではないから、どこで会うかわからない。さらに、接近している職と住は、夫が生まれ育った地元にあり、最近までJC（青年会議所）活動を熱心に行っていたため顔が広い。また、JCのパーティーには夫婦同伴が義務付けられており、町子さんの顔も知られているのである。ホテルやレストランなど、市内でなんらかの商売をしている人のすべてと知り合いだといっても過言ではない。隣の市まで行かなければ、まわりは知人ばかりだ。現在、夫はJ

Cを卒業し、ライオンズクラブの所属だが、クラブの中では若手であるため、年間を通じて奉仕活動はじめ行事に駆りだされることが多く、夫も町子さんも知人が次々に増えて、ずっと会釈しながら市内を歩かなければならない状態だ。町子さんの恋人である会計士は夫とは高校の先輩後輩の間柄で、やはりライオンズクラブに所属している。

「そんなこんなで、彼と二人で町を歩くことなんてできないのよ。だから、年に一度か二度は二人で海外旅行をしようねって決めたの。ある種のガス抜きみたいなものよ。お互い子どもたちが育ってしまって、家族旅行もしなくなっているんですもの」

不倫旅行をしている間、町子さんはいつも女子大時代の友人たちと一緒に旅に出ていると夫に伝えている。夫はそれ以上尋ねることもない。

医院経営と地域活動に忙しい夫は、町子さんの旅程にさほど興味を示していないようだ。また、亡くなった父親の代からの開業医であり、少々マザコン気味でもある一人息子の夫にとっては、町子さんが自宅からいなくなっている間は、母親とゆっくり話すことができる時間となる。町子さんの旅行中、夫と子どもは敷地内にある母親の家に泊まり、食事の世話を母親にしてもらい、夜、夫は母親と同じ部屋で眠るという。町子さんは、夫とのセックスにも長い間不満を持っていた。

「ちゃちゃっと、よ。夫婦の間にまったくセックスがないわけじゃないけど、夫のセックスって、ちゃちゃちゃっとお茶漬けみたいにいつも終わるの。いっそ、ないほうがましかもしれないかな。なんだか、女として寂しくてもったいな～いって思ってたの」

バリ島は三回目。いずれも町子さんと会計士の彼と二人きりの旅行だ。バリだけでなく、ハワイ、シンガポール、韓国、台湾と、一週間以内の海外旅行を二人きりで何度も行った。もちろん、誰にも知られずに。二人の旅行を知っているのは、いつもアリバイに協力してもらう彼女の親友を除けば私だけだろう。

そう、このクライアントも私に「王様の耳はロバの耳」を期待している。

「バリって、舞踊が素敵なのよね。大勢の男性が上半身裸で座して叫ぶ『ケチャ』もいいけど、今回は、男の子がソロで踊る『バリス』を見ることができて良かったわ。舞踊メイクをした十七歳の男の子が踊るのってなんだかなまめかしいわねぇ、って指をくわえてぼうっと見ていたら、彼が燃えちゃったみたい。うふふ」

バリ島の伝統舞踊であるバリスは、民族衣装を身に着けた十四歳から二十歳の男性が一人で踊る。急激な静と動が繰り返され、指先、足先の繊細な動きと口を結んだまま、目だけで喜怒哀楽を表す戦士の踊りでもある。

舞踊について語る町子さんも、じゅうぶんになまめかしい。一七〇センチ近い細身の長身。フィットネス・ジムで体を鍛えているというだけあって姿勢も良く、首の皺《しわ》は目立たない。ニットの半そでセーターから見える二の腕にたるみはないし、ブラジャーをつけていなくてもバストトップが下がらないほど適度に胸の筋肉もついている。

ふだんは色白の長い手足が、バリで日焼けしたのだろう、うっすらと小麦色になりクリスタルの指輪がよく映える。整った日本的な顔立ちにまっすぐ伸びた鼻梁《びりょう》のつんと上がった鼻先だけが少し赤く焼けているのも艶っぽい。

ポリネシアンセックス

「なんだか燃えちゃった彼がね、今回の旅行ではポリネシアンセックスをしよう、って提案してくれたのよ。ねえ、池内さんは、もうしたの？」

いえいえ、私はまだ残念ながらしたことがありません。

「しよう」だの「したことがない」だの、あからさまな表現だが、これには少し説明が必要だ。東京家族ラボでは、さまざまな講座やセミナーを開いており、そのひとつに、サロン形式で行う「セックス講座」がある。十数人が車座に、サンドイッチやチキンをつまみ、ビールとワインをいただきながら講師のトークにあわせて語り合うサロンである。念のために付け加えておくが、実技指導は行っていない。あくまでもトークのみ。

　今の日本では、女性が自らの性体験を語ったり、気持ちの良いセックスをするためにはどうするかを話しあうなど、まだ下品なこととされている。だからあくまでも密やかに、厳選されたメンバーだけで開かれ、それはそれは赤裸々な話がなされる。個人相談や心理カウンセリングに何度も来所しているクライアントばかりの安心できるスペースだが、その話の中身をここに書くことははばかられる。

「セックス講座」の講師は、キム・ミョンガン先生。性人類学者として和光大学で教鞭を執る、日本有数のセックス専門家である。東京家族ラボでアドバイザーの役割もお願いしているため、講座も開いている。その中のテーマに「ポリネシアンセックス」があった。そこに町子さんが参加し、私も一参加者として同席していた。そして、その場にいた女性たちが皆、ポリネシアンセックスを試してみたいと憧れに似た気持ちを抱き、「先にできた人は感想を教えてね」と申し合わせてサロンを閉じたのである。

　先にできた人、という表現をなぜ使うかというと、このセックスは作法が厳しくあり、ちょっとやそっとではできそうにないからだ。なんと、最低でも五日間かけて行う。私は日々忙しくて時間をとることができず、まだ入り口に立ったことすらない。

具体的に何をどのように行うのか。以下、ポリネシアンセックスの説明がなされている書籍『エロスと精気《エネルギー》』から抜粋した文章を参考までに付け加えておこう。

・実際に結合するセックスは、五日目に一度。それまでの四日間は、男女がしっかりと抱き合って、肌を密着させて眠り、性器の接触はしない。セックスをする時は、前戯や抱擁や愛撫に最低一時間をかける。

・互いの心と体がなじんだ時に、女性の中に挿入する。挿入した後は、最低三十分間は動かずにじっと抱き合っている。

・挿入したまま身動きせずに三十分間横になっていると、二人の間にエネルギーが流れるのを感じるようになるという。

・じっくり時間をかけることが南洋諸島の性文化に共通している特徴で、旧イギリス領ニューギニアのトロブリアンド諸島では、一時間たつと、先祖の霊が目覚めて、われわれの結合を祝福してくれると信じられている。

『エロスと精気』ジェイムズ・N・パウエル著、浅野敏夫訳。法政大学出版局刊町子さんは、バリ島の一週間でこの濃厚なポリネシアンセックスを行ったのである。

灼熱の太陽は、食欲とともに性欲もそそるのだろう。

「もう、素敵だったわよ、リゾート＆スパの中でもプライベートプールがあるスイートヴィラに泊まったのね。天蓋付きのベッドで、うふふ。ベッドに横になっていると、風で更紗がなびくのよ、かる〜く。大理石のジャグジーでは水面が見えないほどいっぱいの赤い花びらを浮かべて、今回はバリニーズ・マッサージもたっぷりしてもらったわ。女性から受けるマッサージって気持ちいいわよねぇ」

「ええ、本当に。私も女性のマッサージが大好き。天蓋付きのベッドも素敵ですね」

「ポリネシアンセックスも素敵だった。……って言いたいところだけど、ちょっと楽しめなかったの。四日間、裸で触れ合ったまま食事をしたりお酒を飲んだり愛撫をしあったりしているのは確かに心地いい、とは思うわ。私がもっと若かったら楽しめたのかな。ううん、若かったらもっとガツガツしていたかもね、どうかしら」

「ごめんなさい、ちょっと分からないなぁ。町子さんが楽しめなかったって、どういう意味でしょう。年齢って関係あったんですか」

「バリの明るい陽射しの中にずっと裸をさらしておくのが、我ながら悲しくもあったの。四十五歳で、まだ老いとは呼びたくないけど、力を込めていても下腹がぷくりとして、お腹や太ももに肉切れがあるのが見えるでしょ。あわてて手でこすったりして。それにね、あのまぶしい陽射しの中で、私の陰毛に白髪があるのを見つけちゃったのよぉ。白髪よ、いやになっちゃうでしょう」

「あらぁ、シラガ。シラガですか。それは、しょうがないなあ」

「そうそう、しょうがないことってあるわよね。順番に年をとるんだものね」

「ねえ、町子さんのポリネシアンセックスはどうだったんですか」

「彼の五十六歳という年齢のせいもあったと思うけど、五日目の挿入のタイミングになって、それまで四日間も焦《じ》らしただけにいつもより早く終わるかと思ったら、違うの、中折れなの、ショックでしょ〜。でも、彼はもっとショックかしら。途中でだめになるって男性は傷つくのかしら。ずっと、三十分間も抱き合ったまま射精しないで我慢させておくなんて、彼にはかわいそうなことをしたかしら」

「う〜ん、それもしょうがないでしょ。町子さんって、優しいんですね」

「いやぁだ、優しくなんかないわよ。そうね、次は現地調達してみようかな。バリの男性って笑顔がいいでしょ。褐色の顔に、こぼれるまっ白な歯、きらきら輝く瞳と、柔らかくしなる体。ああ、本当に若い肌っていいわよね」

「町子さん、それじゃオヤジの発言と同じですよ。でも、私だって若い子の肌は気持ちいいと感じますから、オヤジのことばかり責めるわけにはいきませんよね」

「そうでしょう、私もおんなじ気持ち。そうね、やっぱり、ポリネシアンセックスはポリネシアンじゃなきゃいけないのかしらね。現地調達を本気で考えようかしら」

しかし、彼女は、たぶん現地調達はしない。

近ごろは海外に愛人男性を持ち、男性の親族までぜんぶまとめて経済的な面倒をみるという豪傑な女性もいるようだが、町子さんとはメンタリティが異なる。

「もしも現地調達できたら、私はその子に何をプレゼントしたらいいのかしらね」

「あふれんばかりの愛、でしょう。町子さんの親切な気持ちを彼に丁寧に伝えて」

「そうよね。やっぱり、愛、よねぇ。大事だもんね、愛」

視線を宙に浮かしている彼女の横顔は美しい。時々思うことだが、うちのクライアントにはなぜこんなに美しい人が多いのだろう。彼女はこれほど美しいのに、彼女の夫から見るとママのほうがいいのか。ちょっと不思議だし、かなり残念なことだ。

不倫旅行のコスト

クライアントを見る限り、南国リゾートに二人で旅行をする日本の不倫カップルはかなり多くいる。そして、かかる費用も多額だ。

ある男性（町子さんの恋人ではない）もバリ島フリークだ。彼が「不倫旅行」をするときは、いつも一〇〇万円かけている。毎回バリ島の最高級ホテルを使用するのである。有名なこの最高級ホテルは世界中の著名人がお忍びで滞在するところでもあるが、一番リーズナブルな部屋でも税金・サービス料別一泊八万円。往復の航空機Cクラス使用であれば航空運賃一人二〇万円。ホテルに三泊し、宿泊費以外に、食事や遊びのお金を含めて一回の不倫旅行に一〇〇万円が必要となるのも当然だ。彼は毎年違う女性と二人でバリ島へ不倫旅行をする。年二、三回飛ぶこともあるが、その時はもちろん、毎回違う女性を同行するのである。へえ、よろしいことで。

驚くのはまだ早い。バリ島のホテル宿泊代は、一泊五〇〇〇円から数十万円までピンキリだ。先のバリ島最高級ホテルの上室は一泊数十万円であるが、お忍びで旅行する著名なアーティストや石油王などの富豪が、一人きりあるいは家族とともに、ひと月ふた月と長期滞在し、そのホスピタリティを満喫する本物のリゾートもある。

滞在費は一〇〇〇万円単位であり、一室をサーブするために十人以上が動き、このホテルのサービスを受けたら、それまで持っていたサービスに対する概念が変わるといわれている。うわさとして伝え聞くのみだが。

どうやらこのホテルは、一回一〇〇万円で毎回異なる女性を連れてこそこそ泊まる不倫オヤジのために存在しているのではないようだ。設定ターゲットが異なる。

なんだろう、この恥ずかしさは。

あまりにも日本人的な発想である三泊四日の不倫旅行と最高級リゾートは異なるものであり、優雅さを享受するには並大抵ではない本物の力と気品も必要なのだろう。

逆立ちしても享受できない優雅さを補うためには、お金と時間を使うだけではなく、生殖器にはない智恵や想像力を使ってさまざまにカバーするしかない。

セックスのマニュアル

アダルトビデオや風俗産業、売買春と援助交際さらには盗撮など、日本人の性意識が少し特殊な傾向にあることは今や世界的にも有名である。卑屈になるわけではないが、そんな国の民族が、南太平洋に浮かぶ旧オランダ領において、優雅で荘厳ともいえる貴族のセックス・スタイルなど真似できるのだろうか。東京家族ラボで行った「セックス講座」サロンの中でキム先生から聞いた言葉を借りるなら、「セックスは食事と似ている」のである。鍋を火にかけることすらせず、早く廉価に空腹を満たすだけのコンビニ弁当もあれば、食欲だけでなく五感のすべてを刺激するディナーもある。お金と時間と豊かな感性を備えた「貴族」でなければ、食事もセックスも堪能することはできないのか。ときにはゆっくり楽しみたいものだ。

セックス指南書は数年に一度、必ずベストセラーが出る。『HOW TO SEX』(奈良林祥著・ベストセラーズ刊)が以前の代表格で、最近では、『サティスファクション』(キム・キャトラルとマーク・レヴィンソン著、清水由貴子訳・アーティストハウス刊)が、全米でも日本でも一時期大ベストセラーになっていた。

サブタイトルに「究極の愛の芸術」とある同書の中身は極めてストレートなものだ。クリトリス・膣開口部といった生殖器の部位説明からはじまり、体位のイラストが描かれており、基本の姿勢・人気の体位・亀頭を陰唇にあてる、などと続くもので、はじめはぎょっとするが、二人で読むのもいいし、言葉に出しづらいことを相手に伝えるために役立つという実用的な一冊だ。

日本語版出版を機に立ち上げられたサイトでは「日本女性の健康および性生活に関する実態調査」として、アンケート調査を実施したものを集計し、『サティスファクションレポート』としてネット上で公開している。以下はレポートの一部である。

「彼のためにフェラチオの技を磨きたいと思う」という問いにYESと回答した女性は八八％を数え、「欲情して自分からセックスを求めるときもある」女性が七五％いるにもかかわらず、「セックスを求めたときに拒まれたことがある」女性が四〇％。「演技で『イッたふり』をしたことがある」女性は七〇％もあり、「強い弱いの手加減を知らない男が多いと思う」女性は八三％もいることも忘れないでほしい。

セックスはテクニックを競い合うものではなく、肉体からのメッセージであり、大切なコミュニケーションでもあるのだから。セックスを芸術したり少しだけ科学する書籍は、主に女性ばかりが読むのだが、男性にこそ読んでもらいたい。南国に行く手間暇を考えれば本なんて安いものだ。まるで出さなければ損だとばかりにがんがんと突き進む射精主義の男性は、出す前に、恋人や妻と一緒に読んでみてもいいのではないか。

そして女性も、もう感じているふりはやめて、自ら望むことを彼に伝えてもいいのではないか。そして、もっと上手に甘えることのできる智恵をつけてもいい。

巷の男性には、日経新聞で渡辺淳一先生が連載中の『愛の流刑地』の人気が高い。過去の『化身』『失楽園』など渡辺先生の連載が始まると、日経平均が上がるとか、不動産バブルがはじける前ぶれだなどと、まことしやかに語られたりもした。毎朝、通勤電車の中で眉をひそめて『愛ルケ』(愛の流刑地の略)を読み、たかぶる自身を、同じ紙面の『私の履歴書』を読んで鎮めるのさ、と笑顔で教えてくれた中年サラリーマンもいる。だが、笑っている場合ではないぞ。

冷静に読めば『愛ルケ』は、菊治という五十五歳のオヤジが自慢話をしているだけのことだ。しかも金銭的にはケチなうえに口ほどにもないセックス・テクニック。

男性諸氏は、ゆめゆめ『愛ルケ』なんぞにだまされないでほしい。菊治の不倫相手である冬香のような都合のいい女ではなく、高めの女を狙えるよう、きっちり自分自身の身体と心を鍛えてほしい。

女は、待っていてあげるからね。

CASE ケース13

養育費は給与天引きで

クライアント　千鶴子さん（三十三歳）

民事執行法の改正で、二〇〇四年四月から養育費の給与天引きが可能になった。その背景には、離婚後、養育費が未払いとなるケースが多くあったからだろう。支払い義務者（多くの場合父親）が、権利者（子ども）の親権者（母親）と養育費の支払約束を取り交わしたにもかかわらず未払いとなった場合、父親の勤務先給与から将来にわたって養育費を天引きできるという新しいシステムである。私は個人的に、この法律に少し疑問を感じている。ストーカー規制法、ＤＶ防止法しかり。法律の視点としては悪くないが、実行には大きな困難が伴う。本当にひどい被害を受けている女性を守ることができるのであればありがたいものだが、男性側が新法を逆手にとられた場合は、ただ苦しめられるだけの可能性もある。二〇〇七年四月以降の離婚に際して施行予定の年金受給権分割もあわせて、まるで女性にばかり武器を与えていると感じる一面も否定できないのだ。

いとこが隠れ蓑

「ついに、給与天引き法が施行されました。待っていたんです。これでもう養育費の取りはぐれはありませんから、安心して離婚できます。今まで待ったかいがありました、うふふ。これでヨシオ君と一緒になっても大丈夫ですね。日本はいい国だわ」

三十三歳、専業主婦の千鶴子さんは、幼稚園年長と一つ下の男の子二人の母親でもある。ヨシオ君というのは、三年前からつきあっているという同い年の独身男性だ。

「ヨシオ君は、本当に楽しくていい人なんです。セックスの相性もいいんです。でも、収入が夫の半分ほどなので、その面が少し不安といえば不安です」

彼女が最初に相談来所したのは一昨年のことだが、そのとき、すでにヨシオ君と浮気をしていた。彼女自身、離婚を考えていたふしも見られた。しかし、「子どもの権利である養育費が確保できないのであれば離婚はしません、夫婦を続けていきます」と言って帰って行ったのである。その後もヨシオ君との関係は続いていたということだろう。

「離婚して、千鶴子さんはヨシオ君と再婚するということですか」

「ううん。まだ再婚の時期は決めていないんです。今はね、離婚準備期間です」

　彼女の言う離婚準備とは、次の通りだ。

　彼女の夫はエリート会社員であり、リストラも転職もないと思われるため、子どもたちが二人とも小学校へ入学したら、高額な養育費の約束をして別れる予定にしている。その先には恋人との再婚という考えもあるだろう。

「夫はエリートだから結婚しました。遺伝的にも安心だし。一流大学を卒業しＭＢＡも取っていて、年収も一二〇〇万円くらい。お酒も飲まない、タバコも吸わない、ギャンブルもしなくて趣味もない。暴力もない。そのかわり会話もありません。学生時代から友だちもいなかったから休日はずっと家にいます。子どもたちに対しては、遊んでくれるというより、ただじっと側で見ているだけ。たまに話しても自分のことだけ。自宅でも自室へ閉じこもることが多くて、これではまるで、ひきこもりです」

　彼女が不快に思っているのは、彼が偏差値エリート特有の狭い価値観の持ち主で、自己中心的であることだ。別に彼を責めるわけではないが、子どもの頃から懸命に勉強をして、親の期待に添う努力のみを続けた。その結果、与えられたプログラムは完璧にこなす。が、結婚生活のプログラムを与えられなかったために、家族とコミュニケーションができない。毎日自宅と会社を往復するだけで、家庭内では感情を顕《あら》わにすることもなくただ漫然と存在するだけ。ある種感情的なひきこもり状態のような不適応がおこってしまっている。これはもちろん、家から外へ出たくても出ることができない社会的ひきこもりとは異なるものではあるが。

では、浮気相手であるヨシオ君のパーソナリティはどうだろう。

「ヨシオ君といると本当に楽しいんです。子どもたちと遊ぶのも上手だし、子どもたちは、日曜日は自宅でお父さんといるよりヨシオ君と一緒がいいっていいます」

「えっ、お子さんたちとそんなに頻繁に会わせているんですか。ご主人には……」

「ばれませんよ。じつは、嘉男って名前の私のいとこがいるんです。結婚当初、よく私たちの家に遊びにも来ていたから、夫は、子どもたちの会話からもれ聞くヨシオ君は、いとこの嘉男君のことだと思っているんじゃないですか。夫なんて、その程度の興味しか持ってない人なんですから、気にしなくていいんです」

ところが、実はいとこの嘉男氏は一年前からドイツへ赴任しており、国内にいない。千鶴子さんは彼のことを「嘉男君」と呼んでいたため、夫も子どもたちも「嘉男君」と呼んでいた。子どもたちが、日常的に父親の前で「ヨシオ君」の名前を出して会話しても、さして不自然ではないということである。

「お兄ちゃん、このまえヨシオ君とどこか遊びに行ったよね？」四歳の二男が聞く。

「ディズニーシー。前にも教えたよ。おぼえておこうよね」長男が答える。

「うん。おぼえたよ。ディズニーシーだよね」「うん、楽しかったね」「ぼく、ソフトクリームおとしちゃった」「でも、ヨシオ君がもうひとつ買ってくれたからよかったね」「ヨシオ君はやさしいね」「うん。ママもヨシオ君はやさしいって言ってたよね」

こんなふうに兄弟が会話する横では、夫がソファに座って本を読んでいる。五歳と四歳の息子たちは、妻と妻の浮気相手が子どもたちと一緒に遊びに行った話をしているのだが、夫は、「ヨシオ君」が、いとこの嘉男君だと思っている。嘉男君が海外へ赴任していることを妻から知らされていないため、息子たちの会話に違和感をおぼえない。

夫は先に千鶴子さんがもらした不満のとおり、典型的偏差値エリートであり、プログラムされたこと以上の興味は持ちえないため、ヨシオ君の顔立ちや性格にも興味を示さないし、子どもたちがヨシオ君と何をして遊んだかを掘り下げて尋ねることもない。

千鶴子さんは、テーブルに置いてあったボールペンを手に取り、相談シートの裏面に「嘉男」「吉尾」と二つの名前を並べて書いてみせた。

「ヨシオ君って呼び方も、ちゃんと考えて決めたんですよ。いとこの嘉男は名前だけど、ヨシオ君は名字が『吉尾』なんです。子どもたちにとってはどうでもいいことでしょ。だから、一応、夫を刺激しないでおくために決めた呼び名なんです。でも、ヨシオ君が、タケシ君でも、リョータ君でも夫にはその違いが分からなかったと思うし、ミスター・ブッシュだったとしても、夫は気づかなかったかもしれません」

「あはは、そりゃないでしょう。いくらなんでもブッシュは気がつきますよ」

笑いながら、私は、さきほどから気にかかっていることを一度は彼女に問うてみなければならない。少しシリアスな声を出してみよう。

「千鶴子さんは、ご主人に対して、もっと千鶴子さんと子どもたちや家庭の中のことに興味を持ってほしい、と思われたことはありますか」

「もちろん、ありました。私もできる努力はしてみましたよ、夫婦ですから。でも、今はもう無関心なのがありがたいくらい。ヨシオ君の呼び方を説明したのは、夫がどれほど無関心であるかを言いたかっただけで、夫婦関係の修復なんかぜんぜん望んでいません。今さら私に興味を持たれたら、鳥肌が立ってジンマシンが出て吐き気がします」

なるほど、頭の回転が早い。結婚してからの妻の心理プロセスを、必要にして十分な説明と、修復不可能な生理的嫌悪感まで含めて簡潔に語ってくれた。このように伝えられる人は少ない。彼女は、その早い回転の頭で何を考えているのだろう。

「私は今日、将来行う離婚の相談に来たんです。離婚後の養育費のことを教えてください。今までは払われなかったし金額も低かったけれど、これからは正しい金額を、ちゃんと、取りはぐれなく受け取ることができるようになったんですよね」

養育費基礎講座

日本において養育費は、たしかに過去あまり支払われてこなかった。現状を伝える前に「親権者」と「養育費」の説明をしておかなければならない。前提として、結婚している一組の夫婦の間に子どもの存在があること。

夫婦が結婚している間、未成年の子どもは父親と母親二人ともが「親権者」であり、子どもへの権利と義務をもって養育する。しかし、夫婦が離婚するときには、両親のいずれかを子どもの親権者と定めなければならない。親権者となった側が子どもとともに暮らして養育し、家庭と学校両方の教育の責任を持つ。

ちなみに厚生労働省の平成十年の統計では、母親が子ども全員の親権を持つケースが約八〇%、それに対して父親は二〇%未満だった。離れて暮らす親（つまり多くは父親）は、日常を子どもと暮らさないかわりに「養育費」として子どもの養育にかかる経費負担を行うものだ。支払い方法は、毎月定めた日に定めた額を銀行振込によって行うのが一般的である。支払い日や金額は、離婚時に夫婦の合意によって決められる。どうしても話し合いで合意が得られない夫婦は、家庭裁判所の調停や審判をあおぐ場合もある。

養育費の対象年齢だが、以前は「成人するまで」と決めることが多かった。ところが現在は「高校卒業時まで」「大学卒業時まで」とするのがスタンダードになりつつある。これは、卒業時までと定めることによって、浪人・留年といった、年齢通りに学年が上がるとは限らない問題点をカバーし、社会へ出るまでを子どもの養育期間とする考え方である。ときに、学卒した子どもが仕事に就かないため生活費補塡《ほてん》の意味で養育費を請求する人もあるが、これは不可。社会生活を送ることができるように家庭と学校両方の教育を子どもに行うことが親としての責任であり、適切な教育を行ったが就業しないという場合は親の責任範囲ではないため養育費の支払い義務はない。

子どもが就学している間の養育費がきちんと支払い続けられたケースは、過去、離婚全体の約一三％であった。大多数である残り八七％は、なんらかの事情で養育費を払うことができなくなった、あるいは、払わなくなった、または、もともと養育費の取り決めを行わないままの離婚だった、ということになる。両親が離婚したからといって子どもの権利が脅かされることのないよう定められたのが、「養育費の給与天引き法」である。

しかし、私は個人的にこの新法には疑問を感じる。たしかに、子どもの権利である養育費が確保できるのは正しいことだろう。しかし、滞りなく運用されるには少々の無理がある。たとえば、養育費を拒否するために次々と転職を繰り返す父親には無意味であるし（そんな無責任な男性を選んで結婚したのは自己責任であるとの考え方もあるだろうが、ここで語るのは、妻の生活費ではなく子どもの養育費の問題である）、逆に、勤務先からの給与天引きということで、離婚時いくらの養育費を約束したというプライベートなことまで勤務先に知られるというのも奇妙なことだ。それが原因でリストラにあう可能性も否定できない。それは彼自身が支払い義務を怠ったからという見方もあるだろうが、元妻が養育費を徴収するために給与天引きを申出て、それが原因で元夫の収入源が断たれるのであれば、結果的に養育費を受け取ることができなくなるという矛盾も生じる。ようするに、考えの浅いシステムだと言わざるを得ない。

アメリカでは、州法において以前より養育費の支払いと徴収が行われている。約束した養育費が未払いとなった場合、行政あるいは州が立替え払いを行い、父親から徴収するのだ。私はこの方法が正しいと考える。これは、大局的に見れば税制システムと同じである。一種の税金の再配分システムが確立しているといえるだろう。

そもそも、日本で「養育費の給与天引き法」が成立した背景にキナ臭いものを感じる。離婚し母子家庭になり、経済的に苦しくなる。これを支えるのは福祉の役割である。ところが、母子家庭への児童扶養手当は、その受給所得限度額を年々下げている。児童扶養手当は月額四万二三七〇円、この金額だけ見るとじゅうぶんではないかと思うが、これは、子ども一人の場合、母親の年収が一三〇万円（所得五七万円）未満の場合のみ受け取ることができる。また、三六五万円未満（所得五七万円以上で二三〇万円未満）の場合には、一部支給として月額四万二三六〇円から一万円までが、所得に応じて十円刻みで支払われる。

ようするに、母子家庭では母親の所得が二三〇万円を越えたら福祉は一切助けませんから自力で生きなさい、それが無理であれば別れた夫から取り立てなさい、そのために

「養育費給与天引き法」という新しい法律を作ってバックアップしますよ、というのである。それではまるで、別れた夫婦に貧乏をシェアしろと言うに等しい。

国民をばかにするのもいい加減にしろ！

たしかに日本は不況である。平成十四年の世帯平均所得は十二年ぶりに六〇〇万円を下回り、五八九・三万円となっている。しかし、一部の高所得者（一一・八％）が、所得税一〇〇〇万円以上を納め、それは所得税収の七六・一％を占めるのだから、税金の再配分としての福祉を前向きに考えるほうがよほど適切だろう。

福祉が機能していないからこそ、支払う側も受け取る側も養育費に四苦八苦している。さらに、二〇〇七年の年金受給権分割の施行を首を長くして待つ熟年専業主婦の存在がある。これも、夫婦が別れるときには貧乏をシェアしろと聞こえる。それまで労働と家事育児を行ってきた老齢の男女に対して。国民を守ってやれよ、ニッポン！

法は自ら助くる者を助く

なんだかすっかりアツくなってしまった。さて、千鶴子さんの相談に戻ろう。

相談内容をおさらいすると、彼女には三年もつきあってきた恋人があり、夫と夫婦関係を修復する気持ちはすでに失っている。恋人と子どもたちの関係は良好であるため、二男が小学校へ入学する二年後に照準を合わせて離婚計画を立てている、ということだ。いいんじゃないですか、思うようにやってみたら。

この場合、夫が離婚に同意するかどうかがキモであるが、離婚を拒否された場合には、彼女は、中長期的な別居期間を持つことも考えているという。

「婚費です、別居中の生活費。私が専業主婦で幼い子どもが二人、夫の年収が一二〇〇万円だから一か月二二〜二四万円は受け取れるので、それでもいいと思っています。別居期間が長くなれば、恋人がいても不倫って呼ばれなくなるかもしれないし」

法律は、弱者や困っている人を助けるのではなく、法律を知る人を助けるのだと私は常々思ってきたが、それを彼女ほどみごとに具体化してみせる人は稀《まれ》だ。ようするに、彼女の立てたプランで間違いがないか、その確認のために本日の相談予約を入れたのだ。アドバイスを求めるのではなく、ただ確認作業を行うだけの相談でもこちらは構わない。

二〇〇三年四月一日号『判例タイムズ』誌面に添付されていた、東京・大阪養育費等研究会作成の「簡易迅速な養育費等の算定を目指して」という冊子の一部をコピーして差し上げましょうと申し出ると、彼女からぴしゃりと言われた。

「大丈夫です。池内さんの『勝てる!?離婚調停』の巻末で、婚費も養育費もその金額を確認しました。あの書籍は全部読みましたから、家庭裁判所で調停を行う覚悟もできています。大変よい本を書いてくださってありがたいと思っています」

お褒めにあずかるのは光栄なのだが、一本取られちゃった気分である。ここまで準備万端整えた女性を相手にする夫に、少しだけ同情してしまうが、それも夫婦の歴史がなした結果である。しょうがない。大人には、しょうがないという言葉で受け入れなければならないことも多くあるものだ。彼女は、母子家庭になっても、子どもをきちんと守ることができる母親であると信じることができる。それでよしとしよう。

何年か先に、彼女はまた来所するだろう。そのときの相談内容は離婚問題ではなく、「再婚家庭の夫婦関係と子育て」についての相談や確認であればいいなあと思う。

再婚の可能性

今の時代、離婚や再婚をチャンスに変える女性はいくらでもいる。以前の日本であれば結婚こそが人生を変える最大のチャンスであり、配偶者選びで自身のポジションを上げた女性は多い。古い日本において、離婚は忌み言葉であり（今でも同様のため結婚式では使用しないが)、再婚は、なんだかとても後ろ暗いものだった。

千鶴子さんが準備しているのは、離婚を逆手にとって新しいチャンスを得ることだ。男性社会だからこそ作られた「給与天引き法」という新しいシステムを利用する意思を明確に持っている。いや、それ以前より、高収入で優秀な遺伝子を持つ男性を選んで結婚し、結婚の段階で離婚まで予見していなかったにせよ、その継続ともいえる養育費を約束する離婚計画。再婚相手には、性欲と愛情だけでなく「子どもの良い父親」を選ぶ視点で男性を選択していることも興味深い生き方である。

もっとも、世の中で喧伝されている、父親の育児参加とやらを手放しで賞賛するつもりはない。私は個人的に、妊娠・出産・育児は主に女性だけが行うものと規定されていることに疑問は持つが、あえて「父親の」育児参加と注釈をつけてまで、男性が直接参加せずとも構わないのではないかと思う。

かつて厚生労働省が安室奈美恵の夫SAMを起用して「育児をしない男を、父とは呼ばない。」と白いトーンの美しいポスターを作ったことがあるが、ばかばかしい。赤ちゃんを抱っこしたりオムツを替えたり公園に連れて行くだけが育児ではない。

子どもを育てるということは、もっと大局的なものだ。たとえば、赤ちゃんを乗せたベビーカーを安心して押すことのできる道路行政や、安全なオムツの開発、健康に遊ぶことのできる公園や環境づくりも育児に関わることだ。そして今の日本は男性社会であり、それらはまだ男性の仕事でもある。それを、オムツ交換のために自宅での滞留時間を長くすることだけが育児参加であるかのごとく誤解されかねないポスターでもあった。

そういえば、ＳＡＭと安室は離婚したが、親権者はＳＡＭである。親権者となる父親は、日本ではまだまだ少ない。芸能人は過去の仕事に縛られるものだが、ポスターへの出演に縛られた結果なのだろうかと、つい、うがった見方をしてしまう。

ああ、話が横道へそれてしまった。

たとえば、大きな谷がある。この谷を越えたところにあるのが「社会」だとしよう。子どもが谷を渡るために何が必要であるか。吊り橋があれば渡ることができるのであれば、木を切りだし運ぶ腕力が必要だ。橋を架けるための計算ができる者がそれを行う。子どもが幼いうちは手を引いて吊り橋を渡らなければならないだろう。手を引くのは側にいる者が行うのである。途中で空腹を覚えれば食事も必要だろう。

橋を架けるのが父親、手を引いたり弁当を作るのが母親と決まったものではない。橋を架けるのは建築士かもしれないし、手を引くのが保育士や祖父母といった身近な他者であるかもしれない。ようするに、まわりの大人たちが協力して子どもを社会に送り出すのである。そのベースとなるのが家庭、ただそれだけのことだ。

その場合、親子はなにも血縁だけで語る必要はない。死別や離別による再婚の視点で考えれば分かることだが、「家族」に途中参加するメンバー（再婚相手の男性）が、子どもという未成熟な存在に継続して接してきた大人（母親）と、子どもが社会へ出て行くためにどのような協力態勢を組んでいくか、千鶴子さんがその相談に来所してくれる日を、私は心から楽しみに待っている。

初婚のときよりも自覚的に主体的に結婚や育児を行うことができるのが、再婚のよい面である。私自身が再婚しているからではないが、再婚って本当にいいものだ。

これはなにも離婚を勧めているわけではない。

一組の夫婦間で、自分が行った結婚とは何か、子どもを育てるとはどういうことかと真摯に向き合うことができれば同じだ。そして、相手への責任転嫁ではなく、相手に求めるのでもなく、答えを見つけるのは自分自身。それを行うことによって今までの結婚生活と決別し、同じ相手と再度結婚をスタートすることができる。これは再婚と同じだ。ようするに、ただ漫然と結婚生活を送らないでほしい、という願いですね。

あとがき

「池内さんは口が堅いですか。秘密を守ってもらえますか」

開口一番、この質問を受けることが時々ある。そのときはいつもこう答える。

「ここにはさまざまな方が来所されます。芸能界の方はウワサを恐れますし、政界や財界の方々の場合は戦局が変わったり、株価に影響したりする場合もあります。だから当然、私は口が堅くなければご相談をお受けすることができません」

ようするに、一般の人の離婚相談内容を外へ向かって語ったところでたいして価値はないんですよ、と伝えるわけだが、それを聞いて安堵する。

まれに、突然「あなたは無断で私のことを書きましたね」との趣旨のお便りをいただくことがあるが、そういった方々は相談来所した経験のない人であり、どこかから電波を受け取った可能性も否定できない。エピソードならまだしも特定個人のことを無断で出すわけがない。現場で語られる「相談」とはそういうものだ。

本書では、「妻の浮気」というタイトルに合わせて、どちらかといえば困った妻たちのケースを取り上げているため、なんだかおバカな相談だったり、文中の「私」がとても意地悪な対応を行ったりする場面が多い。もちろん現実の相談では原稿に著すことのできない、違う流れがあることをお伝えしておく。いや、平たく言えばちゃんと真面目にやっていますよ、ということだ。

彼らは、長い時間、夫婦の関係性や自分自身の中に起こっているトラブルを誰にも言うことができず、一人でぐるぐると同じところを回るような苦しい感覚に耐えてきた。それに終止符を打つため、勇気を出して相談予約を入れ、相談日までの数日間を待ち、当日の時間にぴたりと合わせて足を運ぶことのできる方々である。私は、東京家族ラボのクライアントは素晴らしい方々であると、心から尊敬している。

二〇〇五年四月吉日

東京家族ラボ　池内ひろ美拝上

池内ひろ美　1961（昭和36）年岡山市生まれ。夫婦・家族問題コンサルタント。97年「東京家族ラボ」を設立。精神科医、弁護士等と協力体制をとり、総合的な夫婦問題カウンセリングを行なう。

Ⓢ新潮新書

120

妻《つま》の浮気《うわき》
男《おとこ》が知《し》らない13の事情《じじょう》

著　者　池内《いけうち》ひろ美《み》

2005年５月20日　発行

発行者　佐　藤　隆　信
発行所　株式会社新潮社
〒162-8711　東京都新宿区矢来町71番地
編集部（03）3266-5430　読者係（03）3266-5111
http://www.shinchosha.co.jp

印刷所　大日本印刷株式会社
製本所　加藤製本株式会社

ISBN4-10-610120-3　C0236

価格はカバーに表示してあります。